Kapinallisesta Isän tyttäreksi

© 2018 Maila Kettunen
Taitto ja kansi: Books on Demand
Kustantaja: BoD – Books on Demand, Helsinki, Suomi
Valmistaja: BoD – Books on Demand, Norderstedt, Saksa
ISBN: 978-951-568-519-3

Kapinallisesta Isän tyttäreksi

SISÄLTÖ

ESIPUHE

Olen nyt 79-vuotias. Minusta on mukava olla juuri minä. Erityisen paljon pidän siitä ominaisuudestani, että innostun herkästi melkein mistä tahansa ja olen herkkä kokeilemaan kaikkea uutta. Useimmiten vastaan kyllä, jos minua pyydetään johonkin. Iloitsen elämästä. Kun katselen elämääni taaksepäin, se näyttää minusta ihmeelliseltä.

En muista, milloin olen alkanut ajatella, että olen vielä 90-vuotiaana vireä ja reipas. Joka tapauksessa nyt tuntuu todennäköisemmältä kuin silloin tuon ajatuksen toteutuminen. Olen löytänyt liikunnan ilon ja tärkeyden, syön niin terveellisesti kuin ymmärrän ja pyrin elämään rauhassa kaikkien kanssa.

Edellisen sukupolven naiset, äitini ja anoppini tulivat vanhemmiten passiivisiksi. Äidiltä meni jalat, anopilta pää. Kumpikin kuoli 78-vuotiaana oltuaan pari viimeistä vuottaan hoitolaitoksessa. Minä ajattelin: voisinpa pysyä aktiivisena vanhetessanikin, käyttää päätäni ja jalkojani!

Isä-suhteeni (Taivaan Isä) syveneminen parina viime vuotenani on avannut aivan uudenlaisen ymmärryksen koko entiseen elämääni. Tuntuu ihanalta saada jakaa tätä kaikkea.

LUKU 1. KIRJAN RAKENNE

Kuljetan rinnan elämäni tapahtumia sellaisina kuin muistan niiden tapahtuneen tai jossain kohdin, miten minulle on kerrottu ja oivalluksia, joita olen eri tavoin saanut myöhempinä vuosina. Ymmärrys itseeni on tuottanut minulle iloa ja lisännyt myötätuntoista suhtautumista omiin toilailuihini elämäni eri vaiheissa. Sen hetkisen ymmärryksen ja kehityksen valossa käyttäytymiseni on ollut luonnollista ja ymmärrettävää, eikä sitä kannata tuomita tai arvostella. Sen vuoksi koen olevani sovinnossa myös menneisyyteni kanssa.

Tämä vahvistaa käsitystä siitä, että elämäni näyttäytyykin aika pitkälti ennalta suunnitellulta ja johdetulta. Sen tiedän, että Isä on minut luonut jo ennen maailman perustamista ja valinnut perheen, johon synnyin, samoin lapseni ja lapsenlapseni. Uskon, ettei yksikään ihminen synny tänne maailmaan sattumalta, vaan jokainen syntyy Isän tahdosta.

LUKU 2. KOLME TÄHTIHETKEÄ

Nimitän näitä hetkiä kohokohdiksi. Näinä hetkinä olen tiennyt ehdottomalla varmuudella: tätä olen etsinyt edes tajuamatta etsineeni juuri sitä.

ELÄMÄNI MIES

Ensimmäinen näistä elämäni kohokohdista on puolison löytyminen. Olin silloin 25-vuotias, meneväinen nuori nainen. Minussa oli virinnyt outo toive, saada lapsia. Silloin ajattelin, etten oikeastaan halua tai tarvitse miestä. En tuntenut yhtäkään onnellista avioparia.

Pekka tulla tupsahti viereeni höpöttämään, kun olin kirjurina lentopallopelissä Jyväskylässä. Olin erityisopettajakurssilla ja Pekka opiskeli luokanopettajaksi. Hän lähti saattamaan minua asunnolleni. Pekan kertoillessa elämästään sotaorpona, muistan sanoneeni: "Saisitpa hyvän vaimon!" En siinä silloin vielä aavistanut, että minä olin Pekalle tarkoitettu hyvä vaimo.

Hän pyysi minua tansseihin, eikä kulunut montakaan viikkoa, kun olin niin rakastunut, etten ollut sellaista aikaisemmin kokenut. Se oli ihmeellistä. Olin onnellisen säteilevä. Tiesin sisimmässäni; tämä on mies, jota olen odottanut ja etsinyt. Ajattelin, että valitessani Pekan olin uskollinen jollekin syvällä sisimmässäni olevalle. Järki oli pois kytkettynä. Suhteemme on ollut myrskyisä ja monia hankalia kokemuksia olemme kestäneet, mutta missään vaiheessa en ole epäillyt, etteikö näin ollut tarkoitus.

ELÄMÄN TARKOITUS

Toinen suuri asia on elämän tarkoituksen ja mielekkyyden löytyminen. Noin kolmevitosena aloin ihmetellä, onko elämässä mitään mieltä, kun en sellaista mielekkyyttä kokenut elämässä olevan. Ajattelin, etten tiedä sitä, mutta jos sellainen on, haluan sen löytää. Niinpä lähdin etsimään.

Kommunismi näytti kaukaa katsottuna kiehtovalta; jaetaan tasan ja annetaan jokaiselle tarpeen mukaan. Ei sentään! Menin kirkkoon. Se sattui olemaan Jehovan Todistajien temppeli. Ihmiset olivat ystävällisiä ja joku tarjoutui tulemaan kotiini tutkimaan kanssani Raamattua. Hän tuli, mutta hämmästyin, kun otettiin jae sieltä, toinen täältä. Se riitti minulle siitä opista.

Kävin transsendenttisen mietiskelyn tilaisuudessa. Sain mantran, mitä piti mietiskellä joka päivä tietty aika. Joitakin viikkoja mietiskeltyäni minua alkoi pelottaa. Tunsin, että minulle tapahtuu jotain, enkä tiedä mitä se on. Aavistin, että se on pahaa. Lopetin.

Halusin lapsemme Steiner-kouluun ja muutimme Tampereelle. Olin ihmeissäni perehtyessäni Steinerin filosofiaan. Kaikki näytti niin hienolta ja järkevältä. Koulussa pyrittiin varjelemaan lasten luovia kykyjä, eikä pidetty kiirettä. Maanviljelyssä hoidettiin maaperää, jotta saadaan terveellistä ruokaa. Kehitysvammaisia hoidettiin antaumuksella ja rakkaudella. Ahmin Steinerin kirjoja.

Kommunismista tai ties` mistä olin päätynyt siihen käsitykseen, ettei ole mitään muuta todellisuutta kuin se mikä aisteilla havaitaan. Steiner selitti maailman kaikkeuden niin järkeenkäyvästi, että hylkäsin aikaisemmat käsitykseni ja omaksuin steinerilaisuuden. Hyväksyin siis, että on olemassa Jumala, Jeesus, enkelit ja pahat henget. Oli sellainen olo, että kenties tästä löytyy elämälle tarkoitus. Jatkoin kuitenkin etsintää. Kuulin ryhmätyöstä ja menin katsomaan sitäkin. Siellä koin joitakin tärkeitä oivalluksia, mutta myös turmeltuneisuutta.

Muutimme maalaistaloon ja viljelimme peltoja biodynaamisesti. Niihin aikoihin mieleeni oli tullut ajatus; olisikohan kristinuskolla mitään mielekästä tarjottavaa? Menin kysymään naapurikylästä leikkuupuimuria puimaan rukiit. Siellä olikin vastassa välitön karjalaisemäntä, joka kutsui minut seuroihin. Menin sinne odottavin mielin. Sanoma tuntui uppoavan sydämeeni ja kosketti. Kun kysyttiin, haluaako joku esirukousta, mieleni teki nostaa käsi, mutta en uskaltanut. Näin siellä uskovia ihmisiä, jotka näyttivät tavattoman innostuneilta levittämään sanomaansa ja saamaan ihmisiä samalle tielle, millä he itse jo kulkivat.

He kutsuivat minut rukouspiiriinsä ja siellä kysyivät minulta: "Joko sinä olet tällä tiellä, vai haluaisitko lähteä?" Sanoin: "Haluan lähteä." Silloin he riemastuivat: "Muutahan ei tarvitakaan, nyt rukoillaan." Monet rukoilivat, joku julisti kaikki syntini anteeksi, toiset ylistivät Jumalaa siitä, että Maila pelastui. Minua alkoi itkettää. Koin, että minut hyväksyttiin sellaisena kuin olin eikä minun tarvinnut tehdä mitään. Löysin Jeesuksen, totuuden, tien ja elämän. Tajusin, että tätä olinkin etsinyt edes tietämättä, mitä etsin. Tiesin ilman epäilyksen häivää löytäneeni etsimäni.

ISÄN TYTTÄREKSI

Kolmas näitä kahta vastaava tapahtui muutamia vuosia sitten. Toimin seurakunnassa aktiivisena vapaaehtoisena. Aloin ihmetellä hommien vähenemistä. Mieleeni tuli ajatus, että jotain uutta on tulossa elämääni, eikä minulla ollut aavistustakaan, mitä se uusi olisi. Kului muutamia vuosia. Koin olevani jotenkin tyhjän panttina. Mielessäni oli kyllä rauha. Ajattelin, että uusi tulee aikanaan, ei minun tarvitse hötkyillä.

Näin ilmoituksen Isän sydän A-koulusta ja tiesin heti; tuonne haluan päästä. Meno järjestyikin. Sydämeni imi opetusta kuin pesusieni vettä. Se ei ollut minulle täysin uutta, sillä olin kuullut samaa asiaa jo v. 1986 ollessani Missionuorten Opetuslapseuskoulussa (ja sitä ennenkin ollessani v.1979 kaksi kuukautta SYKRIssä, Yhteiskristillisessä Raamattukoulukoulussa.) Tajusin, ettei sydämeni ollut silloin kyennyt tuota sanomaa Jumalan Isän rakkaudesta ottamaan vastaan. Päähän se oli uponnut ja olin saanut vahvan uskon asiaan. Nyt A-koulussa tajusin, että kapinoidessani vanhempiani vastaan olin sulkenut heidät elämäni ja sydämeni ulkopuolelle. Sen vuoksi sydämeni ei ollut ollut avoin myöskään Isän rakkaudelle. Halusin korjata asian ja kirjoitin kirjeen sekä isälle että äidille itkien vuolaasti ja pyysin anteeksi, etten ollut ollut heille sellainen lapsi kuin olisi pitänyt olla.

Tiesin epäilyksettä, että tämä oli se uusi asia, jota olin odottanut. Se on muuttanut radikaalisti käsitykseni uskosta ja valaissut Raamattua aivan uudella tavalla. Olen siitä lähtien kuunnellut MP3:lta Isän sydän opetuksia joka päivä monta tuntia. En kyllästy niihin. Tämä on myös dramaattisesti avannut ymmärrystäni itseeni ja synnyttänyt syvää ihmettelyä Jumalan ihmeellisestä johdatuksesta elämässäni.

LUKU 3. LAPSUUS

ISOVANHEMMAT

Isän isä Heikki Turpeinen oli omistanut ison maatilan Kontiolahdella. Hänellä ja hänen vaimollaan Stiinalla oli 8 lasta, 6 poikaa ja 2 tytärtä. Nuorin pojista, Otto, kuoli nuorena miehenä keuhkotautiin. Muistan hänet kalpeana makaamassa mummolan kamarissa. Ukkini oli myynyt tilansa Kontiolahdella ja hankkinut uuden ison maatilan Polvijärven Kinahmosta. Syyksi kerrottiin se, että hänen lapsikatraansa pääsi kouluun, mikä ei olisi ollut mahdollista Kontiolahden syrjäkylällä. Molemmat tyttäret, Eeva ja Hilja menivät naimisiin ja muuttivat miehensä luo. Isäni Eero tuli kotivävyksi äitini kotitilalle ja loppu tila jaettiin aikoinaan neljälle pojalle, Aatulle, Matille, Taunolle ja Hannekselle.

Kävin pienenä silloin tällöin mummolassa joitakin päiviä kerrallaan. Pidin erityisesti viinimarjojen napostelusta suoraan puskasta. Isän vanhimmaksi elänyt veli Tauno hoiti ihailtavasti muistisairasta vaimoaan Elsaa. Hän oli yli 80-vuotias, kun kävin heitä katsomassa. Tauno-setä kehaisi, että heidän isänsä piti ison poikalauman rautaisessa kurissa – selkäsaunoin. Ymmärsin, että sieltä isäni Eero oli saanut kasvatusoppinsa!

Äitini Alma Helena oli 12 lapsesta nuorin. Hänen isänsä, Tahvo Haaranen oli kuollut ennen äitini syntymää. Äidin äiti Anna Haaranen asui meidän perheessämme. Hän kuoli, kun olin viiden vanha. 12 lapsesta vain 6 eli aikuiseksi ja vanhoiksi vain kaksi vanhinta, Tahvo ja Anna ja kaksi nuorinta, Arttu ja äitini. Muut olivat kuolleet muutaman päivän tai joidenkin vuosien ikäisinä.

Mummo oli tiukkapipoinen uskovainen, jonka mielestä kaikki kaunis naisessa oli syntiä. Tukka piti olla tiukasti letillä ja vaatteet rumia. Tämä oli ainakin osasyy siihen, että äitini kapinoi äitiään vastaan. Äidin koti oli myös iso maatila Polvijärven Haaralanniemellä noin 9 kilometrin päässä Kinahmosta, mutta se oli jäänyt aikalailla hunningolle. Tahvo ja Anna olivat menneet naimisiin ja muuttaneet muualle, Taaville ja Saulille oli lohkaistu omat tilat. Kotona olivat Arttu ja äitini. Arttu-eno oli aikamoinen hulivili, eikä välittänyt tilan hoidosta ja äitini opiskeli ompelijan ammattiin.

Eero ja Alma alkoivat viljellä äidin perintötilaa, kun Artullekin oli lohkaistu oma osansa tilan maista. Taavi ja hänen vaimonsa kuolivat molemmat keuhkotautiin ja heiltä jäi orvoksi 9-vuotias Hilkka. Hilkka tuli asumaan meidän kotiimme ja piti äitiäni äitinään, vaikka sanoikin häntä tädiksi ja isääni isänään ja kutsui häntä sedäksi. Hilkan 8 lapsesta kukin vuorollaan vietti kesiään meillä. Se oli heille kuin mummola. Sauli kuoli sodassa ja hänen viisi poikaansa jäivät orvoiksi. Arttu perusti kaupan perimälleen maalle ja eli koko ikänsä kyläkauppiaana. Hän otti kauniin vaimon, Mirjan ja he saivat 9 lasta. Heidän vanhin lapsensa Vuokko on minua vuotta vanhempi ja hän on ollut minulle läheinen kaikki vuodet ja on edelleen.

VARHAISLAPSUUTENI

Synnyin esikoisena noin vuoden isän ja äidin häiden jälkeen. Isä pettyi, kun olin tyttö. Hänen iso, iso toiveensa oli saada poika, joka perisi tilan. Veljeni Kalevi syntyi reilun vuoden minun jälkeeni. Hänen surullinen kohtalonsa oli sinetöity jo etukäteen; tilan jatkaja. Surulliseksi asian tekee se, että veljeni olisi luultavasti menestynyt paremmin jossain muussa ammatissa, vaikkapa opettajana. Maanviljelijän ammattiin hän tuli työkyvyttömäksi noin kolmekymppisenä. Hän sairastui pölykeuhkoon. Äiti oli pyytänyt avuksi jonkun nuoren tytön Kinahmosta. Ihmettelin, kun tapasin tämän naisen aikuisena ja hän tuli luokseni sanomaan innoissaan, että hän pesi minut ensimmäisinä päivinä, kun olin vauva. Minulle on kerrottu, että sain keuhkokuumeen kahden viikon vanhana ja olin kuolla siihen. Joku oli roikottanut minua jaloista ja niin oli henki alkanut kulkea.

Olin noin kuusikymppinen, kun miettiessäni eräässä parisuhdetilanteessa tunnetta, jota en ollut aikaisemmin kertonut miehelleni, kuvittelin sukeltavani syvälle sisimpääni. Siellä kohtasin kaamean tilanteen. Koin olevani niin paha, ettei kukaan voi rakastaa minua. Tunsin itseni hylätyksi ja yksinäiseksi. Oli täydellinen pimeys ja toivottomuus. Samassa kuitenkin pimeyteen tulvahti valo; ei ole totta – Jumala rakastaa minua.

Uskon, että tuo oli silloin pienenä oma lapsen tulkinta tilanteestani ja kokemuksestani. En ole sitä aikaisemmin tiedostanut, mutta luulen sen kuitenkin ohjanneen elämääni ja valintojani.

Vanhempani olivat ahkeria ja kiireisiä töissään ja lisäksi äitini alkoi pian odottaa toista lasta. Luultavasti mummo ja Hilkka-serkku hoitivat minua. En voi muistaa, minkä ikäinen olin, kun isä alkoi kasvattaa minua selkäsaunoin. Luulisin, että olin pienestä pitäen vilkas, utelias ja seikkailunhaluinen ja vanhemmillani oli omat odotuksensa siitä, millainen minun olisi pitänyt olla.

Eheytymismatkallani menin Rosen-terapiaan. Olin vastaanottavainen hoidolle ja heti ensimmäisellä kerralla vasen jalkani turposi pahasti ja tuli niin kipeäksi, että hädin tuskin pääsin sillä kotiin. Terapeutti ei ollut lainkaan huolissaan, vaan sanoi: "Sillä jalalla on sinulle joku viesti." Samana iltana meillä oli pari ystävääni ja rukoilimme selitystä kipeään jalkaan. Sain kaksi kuvaa, vaikka en yleensä tai kovin usein saa mitään kuvia. Mieleeni tuli, että kipeässä jalassa on paksun metalliketjun päässä rautapallo, niin kuin joskus joillakin vangeilla. Toinen kuva oli aidoilla rajoitettu kuja, mitä pitkin lehmät lapsuudessani kuljetettiin metsälaitumelle. Minun olisi pitänyt mennä kiltisti kujaa pitkin. Mutta kun olin pienestä pitäen kapinallinen ja utelias, hypin aitojen yli katsomaan, millaista aidan toisella puolen oli.

Ajattelen, että nämä kuvat kertovat tilanteestani pienenä. En ollut hyväksytty enkä ymmärretty sellaisena kuin olin, vaan minua oli yritetty puristaa tiettyyn muottiin sopivaksi.

Minulle kerrottiin parista tilanteesta, mitä oli toisteltu huvittavina juttuina. Hevosemme Liisa oli kerran tarttunut pientä veljeäni paidasta ja minä olin juossut sisälle huutaen hädissäni: "Kavili töi hevoten". Toinenkin juttu kiersi suusta suuhun. Hannes-setä oli tulossa ensivisiitille morsiamensa Liisan kanssa. Äitini leipoi pikkuleipiä. Minä olin kärttänyt taikinaa ja äiti oli sanonut, että se on tipon ruokaa. Kun vieraat sitten istuivat kahvipöydässä, minä olin mennyt Hannes-sedän luo, ja sanonut: "Äitipä teki sinun morsiamelles tipon ruokaa."

Kun olin pieni, meillä ei ollut sähköä, ei puhelinta, ei radiota. Oli ulkovessa ja ulkosauna. Vesi kannettiin kaivosta ja likavesi taas ämpäreissä pois tuvasta. Hevosella tehtiin metsä- ja peltotyöt. Seura-lehti tuli ja sanomalehtikin. Muistan kun meille saatiin sähkövalo ja radio. Olin varmaan aika pieni silloin, kun ihmettelin, miten ihmiset mahtuvat radion sisään.

Kyläreissuja tehtiin hevosella tai kesällä myös veneellä. Ei silloin kyselty, oletteko kotona ja milloin teille sopisi ottaa vieraita vastaan. Vieraat tulla tupsahtivat silloin, kun heille sopi. Äidilläni oli tapana leipoa kakkuja ja pikkuleipiä ja säilyttää niitä vierasvarana. Silloin se harmitti, kun niitä ei saanutkaan syödä, mutta nyt ajattelen, että olipa se hyvä asia.

Kun Kalevi kasvoi minulle leikkikaveriksi, seikkailimme yhdessä monin tavoin. Kiipeilimme puissa, rakensimme majoja, tai oikeastaan aloimme rakentaa majaa, aloimme tehdä urheilukenttää!!, liftasimme maantiellä hevosmiesten kyytiin ja kävelimme takaisin, jos ei sattunut hevoskyytiä. Minulle oli aina seikkailujen palkaksi selkäsauna. Kipeää se teki, mutta ei saanut minua luopumaan seikkailuista. Olimme veljeni kanssa läheisiä aina siihen saakka, kun minä menin keskikouluun. Keskustelimme vakavistakin aiheista.

Rosen-terapiassa paljastui pysyvä jännitystila pakaroissani. Epäilemättä se oli seurausta lyönneistä. Ehkei iskut sattuneet niin paljon, kun jännitti oikein kovasti.

Yöllä sänkyni kastui vielä alakouluiässäkin. Häpesin sitä valtavasti. Ihmettelen, pysyinkö kuivana ollessani yökylässä mummolassa tai kouluikäisenä kavereilla. Nyt aavistelen, että selkäsaunat saattoivat olla syynä yökasteluun.

Isäni edessä keskellä.

Äitini oman äitinsä sylissä. Edessä Arttu-eno, takana Sauli ja Taavi.

Lapsuuden kotini Polvijärven Haaralanniemellä.

Äitini keskellä.

Meidän perhe mummolan takana.

Oikealla äitini veljeni Kalevi sylissään, isä hänen takanaan minä sylissään. Ympärillä serkkuja ja muita sukulaisia.

Isä ja minä.   *Oma kuya.*

*Anni-täti, Tahvo-eno, Arttu-eno
ja äitini Alma Helena.*

Meidän perhe.

Kuvani blondi-kaudelta.

*Edessä äitini, Hilkka-serkku ja minä,
takana isä, Vihtori, Hilkan mies,
Mirja Arttu-enon vaimo ja serkku
Joensuusta.*

17

Isäni oli sodassa koko sodan ajan. Muistan hänet sotilaspuvussa, kun hän tuli lomalle. Isä ja äiti halasivat ja pussailivat oven suussa. Kerran isä toi tuliaisina ison pussillisen paperipäällysteisiä karkkeja. Äiti laittoi ne lasikulhoon pöydälle. Minulle on kerrottu, että olin ottanut kulhon sängyn alle ja jäljelle jäi vain kasa papereita. Epäilemättä siitä seurasi selkäsauna.

Muistan, miten pelkäsin, kun näin ja kuulin pommikoneiden lentävän taivaalla. Kerran veljeni ja minä olimme löytäneet jostain ison punaisen kankaan ja olimme jotenkin saaneet sen hivutettua lipputankoon liehumaan. Naapurin mummot olivat säikähtäneet luullessaan vihollisten tulleen ja juosseet päätä pahkaa metsään pakoon. Olin silloin niin pieni, etteivät työt minua huolestuttaneet, mutta äidilleni oli varmasti raskasta huolehtia kaikista navetta- ja peltotöistä. Toisaalta siihen aikaan oli saatavissa apupoikia ja -tyttöjä.

Kahteen otteeseen kodissamme asui evakkoja peräkammarissa. Ruokansa he keittivät tuvan hellalla. Heillä oli lapsia ja nämä olivat meille lapsille leikkikavereita. Muistan jonkun naisen laittaneen ruskeaa kastiketta, jossa oli varmaan vain jotain rasvaa, valkoisia vehnäjauhoja ja vettä.

Opin itsekseni lukemaan ennen koulun alkua. Äitini toi minulle kaupungissa käydessään lastenkirjoja ja ahmin niitä suurella innolla. Aikaa myöten luin kaikki kirjat, mitä kotimme kirjahyllyssä oli. Anna Kareninan ja Jalnan tarinat muistan, muita en. Erityisen suuren vaikutuksen minuun teki kirja tytöstä, joka muuttui pikkiriikkisen pieneksi.

Opin aika pienenä lypsämään. Minulle hankittiin oikein oma pieni kiulu. Seinällämme oli kuva minusta huivi päässä, kumisaappaat jalassa ja kiulu kädessä. Luulisin, että jotenkin minun on täytynyt itse haluta oppimaan lypsämään ja sitten on opetettu tuo taito.

Avustin isääni sian porsaiden ensihoidossa. Isä piteli porsaita ja minä nipsin niiltä hampaita pois, etteivät ne purisi emoaan imiessään maitoa. Samoin isä piteli porsasta ja minä leikkasin poikapossuilta munat.

Kaikkiin töihin, mihin vain pystyi, sai tai piti osallistua voimiensa ja kykyjensä mukaan. Olin aika omatoiminen, sillä muistan, että jos sattui tulemaan vieraita äidin ollessa navettahommissa, keitin vieraalle kahvit ja pidin hänelle tai heille seuraa kysellen heidän kuulumisiaan.

Kesällä heinänteko oli tosi iso urakka. Alussa lapset haravoivat jälkiä, mutta aika pieninä isä laittoi meidät myös luomaan heiniä seipäälle. Hän keksi oivan motivoimiskeinon. Hän maksoi jonkun pennin jokaisesta täydestä heinäseipäästä. Huhkimme hikipäässä, mutta siihen aikaan ei järki sytyttänyt, että enemmän olisi tienannut, jos olisi yrittänyt luoda mahdollisimman vähän heinää yhteen seipääseen. Mutta innostus kantoi, ja niin jaksettiin paiskia töitä pitkät tovit. Ihanaa oli sen jälkeen juosta pulahtamaan lähellä virtavaan jokeen.

Siihen aikaan oli paljon monilapsisia perheitä ja meidän pihassamme oli tilaa monenlaisille pihapeleille. Pelattiin polttopalloa, nelimaalia, hippaa, ja sokkoleikkejä. Minun ylivoimainen suosikkini oli pum-peli. Oli kaksi joukkuetta ja tavoitteena oli ampua vihollinen sanomalla "pum" ensimmäiseksi ja silloin ammuttu kuoli, siis joutui pois pelistä. Talvella hiihdettiin ja laskettiin mäkeä. Luistelukin kiinnosti ja joessa oli syksyisin jonkin aikaa luisteluun sopivaa jäätä. Isä teki meille puusta, raudoista ja nahkaremmeistä luistimen tapaisia ja niillä opeteltiin liikkumaan. Muistan, miten onnellinen olin, kun isä sahasi meille pyöreät puupalikat, millä saattoi hypätä ruutua tyrkkien puupalikkaa edellään.

KOULUAIKA

Koulu oli vajaan kilometrin päässä meiltä. Minä olisin tahtonut päästä kouluun jo kuusivuotiaana. Osasinhan lukea ja innostus oppimaan oli kova. Minut hyväksyttiin vain kuunteluoppilaaksi, vaikka saman ikäinen isomman talon poika pääsi varsinaiseksi oppilaaksi. En ymmärtänyt miksi, enkä ymmärrä vieläkään. Koulu oli kaksi-opettajainen, kuusi-luokkainen alakoulu. Molemmat opettajat olivat naisia ja uskovaisia. He pitivät yllä hyvän järjestyksen. Nautin koulun käynnistä, pärjäsin hyvin ja olin vielä kiltti koululainen. Kävimme ruokatunnilla kotona syömässä veljeni kanssa. Jos meillä oli kalakeittoa, myöhästyin vähän, kun ruotiminen vei aikaa. Halusin innokkaasti päästä esiintymään näytelmissä tai missä tahansa, vaikka jännitin kovasti, hikoilin naamaltani ja olin punainen kuin rapu.

Kolmannella luokalla voitin oman koulun hiihtokilpailut ja pääsin kirkonkylälle koulujen välisiin kisoihin. Isäni oli ollut nuorena miehenä kova urheilija ja hän oli innoissaan, kun hänen tyttärensä pärjäsi hiihdossa. Hän tuli kirkolle mukaan katsomaan ja kannustamaan. Tulin kolmanneksi. Siitä alkoi muutamia vuosia kestänyt kilpailuinnostus. Hiihdin ja juoksin kilpaa. Sain joitakin palkintoja. Paras menestys oli piirinmestaruus hiihdossa.

Olen myöhemmin tulkinnut niin, että kaipasin isäni hyväksyntää ja koin saavani sitä menestymällä urheilussa. Siitä minulla ei ollut pitkiin aikoihin aavistustakaan, ettei suorittamalla saatu hyväksyntä täytä sydämen syvää tarvetta saada ehdotonta rakkautta.

Joitakin oppilaita oli päässyt kirkonkylään oppikouluun. Minäkin olisin halunnut, mutta isä ei päästänyt. Minua tarvittiin kotona töissä. Kun olin käynyt kaikki kuusi luokkaa kansakoulua, kuntaamme tuli ilmainen kunnallinen keskikoulu ja kovan tinkimisen jälkeen isä päästi minut pääsykokeisiin ja pääsinhän minä sisään. Minkäänlaista tukea en muista saaneeni opintielleni vanhemmiltani. Iso ja arvokas asia oli kuitenkin se, että tie opiskeluun oli avattu. Kouluun oli nyt 6–7 km matkaa. Kuljin syksyisin ja keväisin matkan pyörällä, ja keskitalveksi hankin aina itse kortteerin kirkonkylältä. Kaksi viimeistä vuotta kortteeri oli sama, muuten aina eri paikka joka vuosi.

Kolmena ensimmäisenä vuonna asuin alivuokralaisena perheessä ilman omaa huonetta. Yhtenä vuonna asuntoni oli paloasemalla ja perheen isä toimi elokuvien näyttäjänä. Pääsin hänen mukanaan katsomaan elokuvia koneenkäyttäjän kopista. Muistan, miten suurenmoisia elämyksiä ne olivat.

Keskikoulussa oli eri aineissa omat opettajansa. Jälkeenpäin ajatellen keskikoulu oli minulle liian helppo, kun olin käynyt jo kuusi luokkaa kansakoulua. Jos en pitänyt jostain opettajasta, häiriköin tunneilla, enkä viitsinyt opiskella. Jos pidin opettajasta, pidin myös hänen opettamastaan aineesta ja totta kai myös menestyin siinä. Olin taitava kirjoittamaan vastauksia essee-kysymyksiin koko opiskeluajan. Sain keskinkertaisen numeron, vaikka en olisi asiasta tiennyt paljon mitään.

Äidinkielentunnilla vastasin väärin kysymykseen palava-sanan sijamuodosta ja lehahdin tulipunaiseksi naamaltani. Joku poika huusi: "Turpeinen on palava," ja koko luokka räjähti nauramaan. Häpesin silmät päästäni ja toivoin, että maa olisi niellyt minut. Tuo yksi ainoa häpeän kokemus vaikutti elämääni hämmästyttävän paljon. En sen jälkeen uskaltanut viitata, ellen ollut aivan varma vastauksesta ja silloinkin vastasin yleensä vain yhdellä sanalla. Ihmettelen, miten selvisin lukion suullisista kokeista. Muuten minua ei kiusattu enkä minäkään kiusannut tovereita.

Minulla oli sydänystävä, mutta joka luokalla eri tyttö. Kävimme toistemme luona yökylässä ja olimme läheisiä. Kahtena viimeisenä keskikouluvuonna asuin yhdessä Suoma Hirvosen kanssa omassa huoneessa ja silloin hän oli paras ystäväni.

Kun olin 15-vuotias, serkkuni Vuokko meni naimisiin Teuvo Tanskasen kanssa ja he pitivät suuret tanssihäät. Silloin näin ensimmäisen kerran tanssimista ja se synnytti suuren halun oppia tanssimaan ja päästä tanssimaan mahdollisimman usein. Urheilu jäi ja tanssiminen tuli tilalle ykkösharrastukseksi.

Nykyisin pidän kaikesta liikunnasta, mutta tanssiminen on kaikkein mieluisinta. Olen ajatellut jopa niin, että jos minulla olisi lapsena ollut mahdollisuus päästä oppimaan vaikkapa balettitanssia, siitä olisi voinut jopa tulla minulle ammatti. Tuntuu, että halu ja taito tanssia on jotenkin jäsenissäni.

Kesälomalla menin pyrkimään uuden keskikoulun rakennukselle töihin, vaikka olin vasta 15-vuotias. Sain työpaikan, mutta minulla teetettiin jotain turhanpäiväisiä hanttihommia. Yksi rakennusmestari oli iskenyt silmänsä minuun ja sai minut juonen avulla asunnolleen. Siellä hän yritti raiskata minut. Hän sai revittyä housut jalasta, mutta tappelin niin raivokkaasti, että pääsin pakenemaan. Otin lopputilin, mutta en uskaltanut kertoa tapahtuneesta kenellekään. Kirjoitin sen päiväkirjaani. Äitini näki minusta jotain ja luki luvatta päiväkirjaani. Olin siitä hänelle tavattoman vihainen. Hän oli varmasti minusta huolissaan, mutta emme osanneet keskustella asiasta.

Muutamia vuosia sitten olin Trager-terapia koulutuksessa. Harjoittelimme hoitoja toisillamme. Eräässä harjoituksessa jalkani kieltäytyivät menemästä haara-asentoon, vaikka en sitä tunnistanut ja harjoituksen jälkeen jalkani halusivat juosta. Juoksin ympäri huonetta ja se tuntui hyvältä. Illalla olin ihmeissäni jalkojeni "omasta tahdosta". Mutta yöllä sain selityksen ja se tuntui loogiselta. Raiskausyritys oli jäänyt jäseniini; vastustus ja pako.

Keskikoulun jälkeen pyrin Teatterikouluun Helsinkiin ja Opettajaseminaariin Savonlinnaan, enkä päässyt kumpaankaan. Niinpä menin lukioon yhteiskouluun Joensuuhun.

LUKU 4. NUORUUS

UIMAOPETTAJANA

Yhtenä kesänä minulta kysyttiin, lähtisinkö uimaopettajakoulutukseen Joensuuhun. Polvijärven kunta halusi järjestää uimakouluja eri puolilla pitäjää. Suostuin sen enempää miettimättä. Olin itsekseni oppinut uimaan koiraa ja luullakseni pystyin uimaan jotenkin myös selälläni.

Koulutuksessa käytiin läpi eri uintitapoja ja opetustekniikoita. Lopussa piti näyttää, miten milläkin uintitavalla ui. En osannut lainkaan rintauintia eli sammakkoa. Nolotti ihan hirveästi. Olin melkein hukkua siinä "näytöksessä".

Mutta sen jälkeen tiesin, miten rintauintia uidaan ja opettelin sinnikkäästi, kunnes se sujui kitkatta. Se vei kyllä minulta paljon aikaa. Mutta kun olin oppinut, niin halusin suorittaa uimamaisterin tutkinnon. Teinkin sen korkeimmalla mahdollisella pistemäärällä. Vaatimukset olivat kyllä haasteelliset. Uimiset eivät tuottaneet vaikeutta. Sen sijaan olin vähällä hukkua, kun piti riisuutua vedessä täydestä vaatetuksesta. Hengen hädässä sain potkittua kumisaappaat jalasta ja ne upposivat saman tien pohjaan ja sinne jäivät. Onneksi selvisin hengissä sadetakin riisumisesta ja muista vaatteista.

Lopulta olin suorittanut kaikki muut; jäljellä oli vain hypyt, viidestä metristä kaksi hyppyä pää edellä, vauhditta ja vauhdin kanssa. En ollut koskaan hypännyt viidestä metristä edes jalat edellä. Hirvitti kyllä, mutta uimamaisterin tutkinnon suorittaminen korkein pistein oli tarpeeksi iso tavoite ja niin hyppäsin. Minulla hypyt menivät ihan hyvin, ei sattunut yhtään. Yksi ikäiseni poika hyppäsi myös viidestä metristä, mutta suoraan selälleen. Hengissä hänkin selvisi, tosin selkä punaisena.

Sain käyttää isän mopedia kulkemiseen eri puolille pitäjää. Pidin uimakoulujen pitämisestä. Sain olla ulkona ja opettaa lapsukaisille hyödyllisiä taitoja. Siitä sai jopa palkkaa.

Monia vuosia myöhemmin pidin uimakoulua Kangasalla muutamissa kylissä. Siihen aikaan olin innokas evankelista ja niinpä uimakouluni olivat uinnin opettamisen ohella myös hengellisiä. Vasta äskettäin kuulin eräältä silloiselta oppilaaltani palautetta. Hän kertoi lukeneensa omille lapsilleen kirjoja, mitä oli minulta saanut uimakoulusta.

Innostavinta itselleni on ollut opettaa uintitaitoja kahdelle pienimmälle lapsenlapselleni, etenkin Otolle, mutta jonkin verran myös Tatulle.

LUKIOSSA

Lukiossa valitsin matematiikan ja biologian. Suhtautumiseni opiskeluun määräytyi edelleen yleensä sen mukaan, pidinkö opettajasta vai en. Minusta oli tullut laiska tekemään läksyjä. Äidinkielen opettaja sanoi minulle, että kirjoittaisin laudaturin, jos viitsisin vähänkään yrittää. En viitsinyt, mutta kirjoitin laudaturin! Matematiikkaa ymmärsin, mutta vain harvoin tein kotiläksyjä.

Pääsin Saksaan kuukaudeksi lukion toisen vuoden jälkeen. Koulussa opetetun saksan varassa en aluksi ymmärtänyt sanaakaan siellä puhutusta. Mutta aika pian opin sekä ymmärtämään, että puhumaan sikäläisittäin. Perheessä oli suunnilleen ikäiseni tytär Helge, joka lähti minun mukanani Suomeen asumaan kuukaudeksi meidän kodissamme. Helge ei ollut välittänyt Saksassa olla minun kanssani, vaan touhusi omien ystäviensä seurassa, mutta ei se minua haitannut, koska löysin sieltä toisen ystävän. Mielestäni meillä oli Suomessa hauskaa keskenämme. Teimme kiinnostavan kiertomatkan. Matkustimme lentäen Kuopioon, sieltä laivalla Savonlinnaan ja sieltä liftaten takaisin. Puhuin siis sujuvasti saksaa ja kuvittelin osaavani sitä enkä ymmärtänyt panostaa opiskeluun. Pääsin kirjoituksissa saksankielestä hädin tuskin läpi.

Meidän koulussamme oli ruotsin kielessä ollut jo vuosia opettajana viimeisellä luokalla pankinjohtaja, jonka johdosta ylioppilaskirjoitusten tulokset ruotsissa olivat olleet poikkeuksellisen hyvät. Meidän luokan tulokset preliminäärissä siis lukion toisella luokalla olivat niin huonot, että hän ei ottanutkaan meidän luokkaa opettaakseen. Minä sisuunnuin siitä ja päätin, että näytän sille. Ahkera opiskelu tuotti minulle laudaturin ruotsin kielessä.

Yhteiskoulun kaupunkilaiset oppilaat suhtautuivat hieman alentuvasti meihin maalta muuttaneisiin. Minä tunsinkin alemmuutta maalaisuudestani. Onneksi löytyi tosi mukavia ystäviä toisista maalaisista. Meitä oli sellainen neljän tytön jengi, eri maalaiskunnista kotoisin ja koko lukion ajan pidimme yhtä. Meillä oli hauskaa keskenämme ja siinä ryhmässä koin olevani hyväksytty omana itsenäni.

AMMATTIIN

Lukion jälkeen lähdin Helsinkiin pyrkimään lääketieteelliseen tiedekuntaan. Siellä oli heti aluksi tentti lukion biologiasta, enkä ollut ymmärtänyt valmistautua siihen mitenkään. Olinhan opiskellut psykologiaa. Sen jälkeen oli luentoja fysiikasta ja tuntui kyllä, että ymmärsin, mutta kuitenkin jätin karsinnan kesken ja palasin kotiin.

Päätin pitää välivuoden ja sain väliaikaisen opettajan paikan naapurikylästä Lahtolahdesta. Siellä oli opettajalle asunto ja niinpä muutin sinne. Opetin 1–2 luokkia ja pidin siitä. Pääsin pelaamaan lentopalloa opettajien kanssa. Ostin kameran ja innostuin valokuvaamisesta. Opettelin myös kehittämään itse valokuvat. Se oli kiinnostavaa. Molemmat pysyivät harrastuksinani vuosien ajan.

Näinä vuosina aloin kehittää itselleni täydellisyyden naamiota peittämään kaikki lapsuuden kipeät tunteet; häpeän, alemmuuden, riittämättömyyden, vihan ja pelot. Luulen, että se tapahtui vähitellen ja huomaamattani. Olin hylännyt vanhempieni auktoriteetin ja omaksunut luulon, että minun on selvittävä omillani. Se vei minut henkiseen pimeyteen ja sai omantuntoni turtumaan niin, etten tiennyt, mikä on oikein ja mikä väärin. Luulin, että on ihan hyvä olla riippumaton ja itsenäinen. Olin pahasti eksyksissä ja rikkinäinen. Mutta sitä en uskaltanut tiedostaa vielä pitkään aikaan. Ulospäin näytin reippaalta ja iloiselta.

En huomannut, että muuan miesopettaja oli ihastunut minuun lentopallopelissä. Yllätyin, kun hän pyysi minua kanssaan ajelulle ollessamme opettajien kokouksessa Joensuussa. Hän oli naimisissa ja hänellä oli kaksi pientä lasta. Kuitenkin aloin seurustella hänen kanssaan. Hän oli erittäin hyvä tanssimaan ja hänellä oli auto. Tapaaminen salaa tuntui toisaalta jännittävältä, toisaalta kiusalliselta. Hän rakasti minua ja kunnioitti rajojani, kun en halunnut aloittaa seksisuhdetta. Ajattelin, että menen hänen kanssaan naimisiin, jos hän eroaa vaimostaan. Vaimo tuli raskaaksi ja ymmärsin, ettei hän aio erota, joten lopetin seurustelun.

Välivuoden jälkeen hain sekä opettajainvalmistuslaitokseen Jyväskylään että sairaanhoitajakouluun Kuopioon. Pääsin molempiin. Valitsin Jyväskylän. Luulen, että valintaan vaikutti seurusteluni opettajan kanssa. Kaksi vuotta kului rattoisasti opiskellessa. Päällimmäisenä on ajatus, että se oli hauskaa aikaa. Oli kivoja ystäviä, sekä tyttöjä että poikia, eivätkä opinnot kovin paljon rasittaneet. Minulla oli kevyitä seurustelusuhteita, jopa yhtä aikaakin eri paikkakunnilla. Jotkut olisivat tahtoneet kanssani naimisiin, mutta minä en välittänyt kenestäkään tarpeeksi. Kun kyllästyin johonkuhun, en enää jatkanut seurustelua. Se olisi ollut turhaa ja mielestäni oli parempi molemmille lopettaa siinä vaiheessa.

Asuinkumppanini ja sydänystäväni Maija-Liisa Villanen kuoli syöpään vain vuoden, parin jälkeen valmistumisesta. Se oli minulle suuri suru ja olin hänen hautajaisissaankin Suonenjoella. Olin käynyt hänen kotonaan aikaisemmin ja omaiset ilmoittivat minulle.

Valmistumisen jälkeen hain useita paikkoja, mutta ei tärpännyt. Lopulta pääsin Polvijärven Selkäniemen kouluun opettajaksi. Koulu oli perustettu tilapäiseksi tätini Hilja ja Kauko Karttusen talon toiseen päähän. Se oli yksiopettajainen. Lapsia oli 33, joista 11 1.–2. luokalla. Pienet kävivät koulua muutamia viikkoja kesäkuussa ja elokuussa ja talvisaikaan lauantaisin. Koulu oli ns. supistettu kansakoulu. Pidin työstäni ja oppilaistani. Ohjasin oppilaiden näytelmäkerhoa. Käytiin kilpailuissakin Joensuussa sen näytelmän kanssa. Saatiin toinen palkinto. Itse näyttelin pääosan Kinahmon nuorisoseuran juhlissa urheiluaiheisessa näytelmässä. Veljeni Kalevi oli vastanäyttelijäni.

Ostin uuden auton heti valmistumisen jälkeen. Kävelin pankkiin, sain lainan ja kävin autokoulun. Nautin autolla ajamisesta ja vapauden tunteesta, minkä auto antoi. Voin helposti mennä pelaamaan lentopalloa. Pelasin naisopettajien piirijoukkueessa mm. Itä-Länsi -ottelussa. Kävin tansseissa Joensuussakin. Kerran olin tanssimassa kahden erityisopettajan kanssa ja he yllyttivät minuakin hakemaan erityisopettajakurssille. Lähdin opiskelemaan oltuani vain vuoden luokanopettajana. Mutta se päätös osoittautui sangen kohtalokkaaksi. Tapasin sillä reissulla elämäni miehen, Pekan. Luovutin autoni isälle ja hän maksoi opintoni.

Ajoin autolla aika hurjasti. Jotkut pelkäsivät kyydissäni. Muistan ajatelleeni, että ei ole väliä, miten minulle käy. En kuitenkaan ymmärtänyt, että saatoin vaaraan myös kyydissäni olevat ja muut tiellä kulkijat.

Myöhemmin olen ymmärtänyt, että se johtui valtavasta arvotto-muuden tunteesta ja itseni hylkäämisestä. Olin pitänyt itseäni roh-keana, mutta oikeastaan olin elänyt siihenastisen elämäni uhka-rohkeana ja vielä eteenpäinkin monia vuosia. En ollut muissakaan tilanteissa välittänyt, mitä minulle tapahtuisi. Jälkeenpäin olen ymmärtänyt, että Jumala varjeli elämääni niinäkin vuosina, kun en itse tippaakaan välittänyt itsestäni tai Jumalasta.

LUKU 5. UNELMAN TÄYTTYMYS

AVIOLIITON ALKU

Pekka pyysi minua tansseihin, eikä kulunut montakaan viikkoa, kun olin niin rakastunut, etten ollut sellaista aikaisemmin koke-nut. Se oli ihmeellistä. Olin onnellisen säteilevä. Tiesin sisimmäs-säni; tämä on mies, jota olen odottanut ja etsinyt. Ajattelin, että valitessani Pekan olin uskollinen jollekin syvällä sisimmässäni olevalle. Uskoin, että eläisimme yhdessä onnellisina elämämme loppuun saakka. Järki oli pois kytkettynä.

Tapasimme Pekan kanssa vuoden 1963 tammikuun loppupuo-lella. Meillä oli molemmilla unelma suuresta perheestä. Pekka oli elänyt kahdestaan äitinsä kanssa ja vaarinsa kuoltua kolmistaan mummonsa ja äitinsä kanssa. Minä olin koko lapsuuteni ajan kaivannut meidän perheeseen useampia lapsia, varsinkin sisaria. Minulla oli vain yksi veli, minua vuotta nuorempi Kalevi.

Huhtikuun 9. menimme kihloihin ja kävimme ensi kertaa yhdessä minun kotonani. Vanhempani hyväksyivät valintani kyselemättä. Isäni ja veljeni ottivat Pekan heti mukaansa lan-nanajoon. He antoivat Pekankin kokeilla traktorilla ajoa. Lunta oli vielä maassa paljon ja traktori jäi kiinni lantatunkioon. Isä ja Kalevi syyttivät kuulemma toisiaan tästä onnettomuudesta.

Arttu-eno sanoi Pekan nähtyään: "Mistä sie löysit noin korreen miehen!"

Pekka kävi pyrkimässä sotaväkeen ilmavoimiin ja yllätykseksseen pääsikin sinne. Armeijaan oli mentävä 5.6.1963. Molempien opiskelut päättyivät toukokuun lopulla. Minusta tuntui järkevältä mennä naimisiin ennen sotaväkeen menoa. Äitini halusi järjestää todella suuret häät meillä kotona ja minä annoin hänelle vapaat kädet. Vaikeaa olisikin ollut minun kovin paljon vaikuttaa Jyväskylästä käsin. Ompelin itse hääpuvun ja hankin muut asusteet. Häihin kutsuttiin kaikki mahdolliset ystävät ja sukulaiset, noin 200 henkeä.

Kävimme Pekan kanssa hakemassa Tampereelta Pekan äidin Helvin ja hänen serkkunsa Taimi Borgin ja ajoimme minun autollani Polvijärvelle. Toinen takakumi vuoti ja pysähdyimme aina välillä pumppaamaan ilmaa kumiin. Minä ajoin koko matkan. Se oli kyllä rankka matka juuri ennen häitä. Aamunkoitteessa päästiin perille ja Pekka ja minä mentiin lepäämään.

Onneksi Helluntaina 2.6.1963, meidän hääpäivänämme oli kaunis, lämmin sää. Äiti apulaisineen ruokki ja kahvitti koko joukon. Pappi vihki meidät siinä pihalla. Hänen sanansa silloin jäivät minulle mieleen: "Jumala on jo aikojen alussa tarkoittanut teidät toisillenne." Ihmettelin. Silloin ne olivat minulle täyttä hebreaa, mutta nyt ajattelen, että oikeassa pappi oli. Tanssia varten Pekka uurasti häitä edeltävän päivän siivoten uuden navetan yhteydessä olevan heinäladon lattian. Siinä me sitten tanssahtelimme häävalssin ja vähän muutakin.

Kolmen päivän kuluttua häistämme vein Pekan Kauhavalle ilmasotakouluun autollani ja palasin koululleni kolmeksi viikoksi opettamaan pieniä lapsukaisia. Keittäjä Vieno Nokelainen oli heti koulun loputtua lähdössä Reisjärvelle keittäjäkurssille. Ajattelin, että Reisjärvi taitaa olla aika lähellä Kauhavaa, joten lähdin mukaan. En ollut laittanut kovin paljon ruokaa, joten hyvää tekisi minunkin oppia vähän lisää. Reisjärveltä kävin katsomassa Pekkaa. Sain ruinattua auton lainaksi talonmieheltä. Soitin Pekalle. Siellä joku möhläsi ja pyysi Pekan puhelimeen, vaikka ei olisi kuulemma saanut ja sen seurauksena Pekka sai poistumiskiellon alueelta. Joku hyväsydäminen mies päästi kuitenkin minut sisään kasarmiin ja niin tapasimme elokuvateatterissa.

LAPSIA NOPSAAN TAHTIIN

Muutamien viikkojen kuluttua sain tietää olevani raskaana. Se oli ilouutinen; unelmamme alkaisi täyttyä! Kesällä hain itselleni apukoulun opettajan paikan Pietarsaaresta ja Pekalle kansakoulun opettajan paikan Ullavalta. Hän pääsi sotaväestä toukokuun alussa ja ennätti toimia siinä koulussa opettajana yhden kuukauden. Laskettu synnytysaika oli helmikuun alussa. Jäin joululoman jälkeen kotiini Polvijärvelle. Odottava nainen on erityisen herkkä. Kotonani olin kiusaantunut kylmästä ilmapiiristä ja ilkeältä kuulostavalta puhetyylistä. Aikaisemmin kotona ollessani se oli tuntunut normaalilta.

Synnytyspolttojen alettua veljeni vei minut synnytysosastolle Joensuuhun. En ollut ymmärtänyt hankkia itselleni minkäänlaista synnytysvalmennusta ja synnytys tuntui kamalalta, kun minulla ei ollut minkäänlaista käsitystä tapahtumien kulusta. Osastolla oli kirja synnytyksestä. Luin sen ja harmittelin, kun en ollut saanut sitä käsiini ennen synnytystä. Lisäksi kätilö oli tyly ja tiuski minulle. Kaikesta huolimatta kaikki sujui hyvin ja 8.2.1964 syntyi ihana tyttö, Tiina Marjatta. Pekka pääsi katsomaan meitä vasta parin viikon kuluttua Tiinan syntymästä. En ollut tottunut vastasyntyneisiin ja niinpä tunsin itseni alussa aika avuttomaksi. Onneksi Tiina oli kiltti ja vahva vauva, joten pikku hiljaa opin häntä hoitamaan. Tavattoman rakas hän oli minulle.

Pidimme ristiäiset Polvijärvellä vanhempieni kodissa. Mukana oli veljeni uusi tyttöystävä Liisa, josta tuli veljeni vaimo. Heidän häitään vietettiin vuoden kuluttua meidän häistämme. Sain Liisasta kaipaamani sisaren. Liisa ja Kalevi veivät Pekan, minut ja pikkuisen Tiinan Pietarsaarelle. Onneksi Tiinalle löytyi mukava vanhempi nainen läheltä kotiamme hoitamaan häntä, kun minun piti palata töihin. Äitysloma oli siihen aikaan vain kaksi kuukautta. Hoitaja tuli aamulla meille kotiin ja lähti sitten omaan kotiinsa Tiina mukanaan.

Minulla oli vakituinen virka Pietarsaaressa, mutta Pekalle ei löytynyt sieltä työtä. Saimme työpaikat Siilinjärveltä, minä apukoulusta Kolmisopelta ja Pekka naapurikylästä Koivumäen kansakoulusta. Kolmisopen koululla oli meille 3 huoneen ja keittiön asunto. Siinä sitten aloimme opetella yhteiselämää perheenä. Saimme naapurikylästä ensimmäisen apulaisen hoitamaan Tiinaa molempien ollessa töissä.

Vuoden kuluttua heti kesäloman alussa huomasin olevani taas raskaana. Iloitsin siitä. Kuitenkin alusta lähtien tämä raskaus osoittautui hankalaksi. Esimerkiksi autokyyti tuntui tukalalta. Vaadin Pekkaa ajamaan korkeintaan viittä kymppiä, eikä sekään juuri parantanut asiaa. Vatsa kasvoi huimaa vauhtia ja sitä ihmeteltiin neuvolassa. Menin lääkäriin ja hän totesi, että onkin tulossa kaksoset. Varmuuden vuoksi hän määräsi minut suolattomalle ruokavaliolle ja tein niin. Siitä huolimatta minulle tuli maksavika, mikä aiheutti valtavan kutinan. Joululoman tullessa vatsani oli valtavan suuri ja oloni lähes sietämätön. Olimme joulua viettämässä Polvijärvellä mummolassa ja minulla oli aika varattuna Kuopion keskussairaalaan tutkimuksiin.

Lääkäri katsoi silmiini, näki niiden olevan keltaiset ja määräsi minut jäämään sairaalaan tarkempiin tutkimuksiin. Huokasin helpotuksesta; ei tarvitse heti lähteä täältä mihinkään. Hän epäili maksavikaa. Tutkimuksessa hoitaja sanoi, että kohdunsuu on aika auki ja sain lääkitystä, joka lykkäisi synnytystä, koska laskettuun aikaan oli vielä noin 7 viikkoa. Minulla oli ollut kivuttomia supistuksia, mutta en pitänyt niitä minään.

Yllätyin, kun myöhään samana iltana minut vietiin synnytyshuoneeseen, eikä kulunut kuin pari tuntia, kun kaksoset putkahtivat maailmaan 10 minuutin välein ilman mitään kipua. Niin perheemme lisääntyi kahdella pikkuisella pojalla. Timo, ensin syntynyt, painoi 2750 g ja Tommi 2350 g. Heidän syntymäpäiväkseen tuli 30.12.1965. Onneksi minut oli jo alkujaan laitettu yhden hengen huoneeseen. Pekka oli vähintään yhtä yllättynyt kuin minäkin siitä, että kaksoset syntyivät nyt jo. Sain olla kaksi viikkoa sairaalassa, kun minulle nousi kuume juuri, kun olisi pitänyt lähteä. Kieltämättä pelotti ajatella selviämistä kotona niin pikkuisten vauvojen kanssa. Sain pienen hengähdyshetken toipua raskaasta odotusajasta.

Tiina oli jäänyt mummolaan hoitoon, kun minun piti vain käväistä tutkimuksissa. Pekka kävi joka päivä meitä katsomassa ja rakensi kotona hoitopöydän vauvojen tarpeisiin. Hän kävi hakemassa Tiinan ja äitini muutamaksi päiväksi avuksi, kun palasimme sairaalasta. Muistan, että pelkäsin vauvojen kuolevan käsiin, kun he olivat niin pieniä. He olivat hitaita syömään. Aluksi syötin pikkuisia 1½ tuntia ja lepäsin 1½ tuntia ja se jatkui näin yötä päivää. Kyllä siinä apu oli tarpeen. Äidin lähdettyä saimme avuksi Hilkka-serkun vanhimman tyttären, Ritvan. Äitiysloma oli siihen aikaan vain kaksi kuukautta. Onneksi se oli kokonaan edessä. Tuo talvi oli hyvin kylmä ja talomme vahtimestari kertoi lämmittäneensä tavallistakin huolellisemmin vauvojemme vuoksi. Asuimme sillä koululla, missä minulla oli työni ja olin järjestänyt itselleni neljän tunnin työpäivät. Syötin kaksoset kouluun lähtiessä ja heti palattuani ja niin selvisimme alkuajasta.

Seuraava kesä oli rankka. Ajattelin, että kun olemme molemmat lomalla, selviämme ilman apulaista, mutta viisaampaa olisi ollut pitää apua myös kesällä. Kaksoset itkivät paljon, emmekä oikein tienneet, mikä oli hätänä. Timo joutui useasti sairaalaan ensimmäisen 1½ vuoden aikana. Hänen hengityksensä rahisi oudosti. Tuntui kamalalta jättää hänet sairaalaan, vaikkakin kävimme joka päivä häntä katsomassa. Lopulta vaadin, että heidän on tutkittava, miksi vauva sairastuu niin usein. He saivatkin selville, että häneltä puuttuu jotain suoja-aineita, mitkä vauva saa äidiltä raskauden loppuvaiheessa. He antoivat sitä ruiskeena ja siihen loppuivat sairastelut.

Seuraavana syksynä saimme kotiapulaiseksi Anna-Liisa Haarasen. Hän oli serkkuni Ville Haarasen vanhin tytär Polvijärveltä. Hän asui meillä. Sovin Anna-Liisan kanssa, että hän saa itsenäisesti suunnitella työnsä, siivoamiset, pyykinpesut, ruoanlaiton ja kaupassa käynnit. Hän hoiti lapsia sen aikaa, kun minä olin koulussa, mutta muut ajat minä hoidin lapsia. Anna-Liisa oli ihana aarre. Hän oli meillä kaksi vuotta. Myös Pekka osallistui innolla lasten hoitoon.

Tuohon tilanteeseen emme suunnitelleet perheen lisäystä ja kävin lääkärissä pyytämässä E-pillereitä. En muista, mikä tällä lääkärillä oli perusteena, mutta en saanut häneltä pillereitä. Käytimme kahta eri ehkäisymenetelmää, ja kuitenkin jo syksyllä huomasin olevani taas raskaana. Ensin se tuntui hurjalta; Tiina ei ollut vielä kolmea vuotta ja pojat olivat alle vuoden ikäisiä. Aika pian sopeuduin kuitenkin ajatukseen, että neljäs lapsi on tulossa. Tämä raskaus sujui vaikeuksitta, samoin synnytys ja niinpä meillä oli toukokuussa oikea suurperhe; kaksi tyttöä ja kaksi poikaa. Vanhin, Tiina oli 3 v., pojat Timo ja Tommi olivat 1v. 4 kk ja nuorin, 9.5.1967 syntynyt Hanna Kaisa.

Onneksi oli ihana kotiapulainen Anna-Liisa ja nuorimmainen oli alkuun aivan super helppo. Hän vain nukkui niin pitkiä unia, että oikein odotin, koska hän heräisi syömään.

Tulkitsin tilanteen myöhemmin niin, että Hanna oli päättänyt jo kohdussa, että hänestä pitää olla mahdollisimman vähän vaivaa, kun niitä pikkuisia oli niin monta. Tiedä häntä!

Huomasin, että heräilimme yöllä aivan turhaankin lasten vain unissaan äännellessä. Sovimme Pekan kanssa, että hän herää kaksosten itkuun ja minä Hannan. Mitään pitkäaikaista yöhuutoa en muista koskaan olleen. Laitoimme myös kaikki lapset nukkumaan säännöllisesti noin 7 aikaan aika pieninä eri huoneeseen, missä itse nukuimme. Näin vältyimme pienten ääntelyjen kuulemiselta. Jossain vaiheessa huomasin, ettei kukaan heistä tarvinnut ruokaa yöllä. Silloin sovimme, ettei tehdä mitään, jos joku itkee. Viittä minuuttia pitempään ei itkua tarvinnut kestää. Tietenkin se, että kaikki nukkuivat yön heräämättä helpotti jaksamista.

Niin kauan kuin oli kolme vauvaa ruokittavana ja vaipoissa, elämämme oli pitkälti pelkkää lasten hoitoa. Kuitenkin tuo aika oli varsin lyhyt ja sen jälkeen helpotus oli suuri. Lapset viihtyivät keskenään leikkien. Sisustimme suurimman huoneemme lasten leikkihuoneeksi ja hankimme sinne monenlaisia leikkikaluja ja virikkeitä. Pekka oli innostunut rakentamaan hyllyjä seinille, joten saatoimme laittaa särkyvät esineet lasten ulottumattomuuksiin. Ajattelin, että on hyvä, jos lapset saavat leikkiä vapaasti. Mielestäni se toimi hyvin.

Noihin aikoihin mieleeni tuli, etsinkö kasvatusohjeeni uskonnosta vai psykologiasta ja valitsin psykologian. En ollenkaan käsitä vieläkään, mistä moinen valinnan mahdollisuus tuli mieleeni. En ollut lainkaan kiinnostunut uskosta vielä silloin. Nykyisin ajattelen, että Raamatun ohjeet olisivat olleet parempia.

Luin kirjan Summerhillistä, vapaasta kasvatuksesta. Se vaikutti minuun niin, että lapsemme saivat kasvaa aika vapaasti. Kuitenkaan emme antaneet heidän "hyppiä silmillemme". Emme ymmärtäneet opettaa heille käytöstapoja, mutta vältimme kieltämästä turhista asioista. Saatoin käydä millaisessa lasikaupassa tahansa kaikki neljä pientä mukana, eikä siinä ollut mitään ongelmaa. He olivat rauhallisia. Huippu oli se, kun jätin kaikki neljä leikkimään tavaratalon leikkikaluosastolle siksi aikaa, kun itse käväisin luennolla. Luojan kiitos, mitään vahinkoa ei tapahtunut!

Anna-Liisa Haarasen jälkeen saimme vielä yhtä hyvän apulaisen toisesta Anna-Liisasta. Asuimme Siilinjärvellä 6 vuotta ja niinä vuosina vietimme kaikki kesät Polvijärvellä mummolassa. Veljelläni oli kaksi lasta, meidän kaksosten ikäinen Anneli ja häntä kolme vuotta nuorempi Seppo. Heinäntekoaikaan olimme hyvä lisä heinäpellolle ja lapset viihtyivät leikkien. Pekka rakensi aittaan terassin jatkoksi ja toinen puoli aitasta siivottiin nukkumapaikaksi. Siellä oli meidän perheelle hyvä paikka viettää yömme. Yhden kerran hermostuin kaksosiin, kun he eivät heti hiljentyneet nukkumaan aittaan. Läimäytin heitä. Nolottaa vieläkin.

Minä, Tiina, Tommi, Timo ja Pekka.

Perheemme Hankasalmella.

LUKU 6. PIMEYDESTÄ KOHTI VALOA JA VAPAUTTA

APUA OPPILAIDEN RIKKINÄISYYTEEN

Huomasin työssäni, että oppilaani olivat rikkinäisiä, eikä koulutukseni ollut antanut mielestäni tarpeeksi välineitä auttaa heitä eheytymään. Ajattelin, että ehkä psykologian opinnoista löytyy apua.

Jälkeenpäin olen miettinyt, että varmaankin tuolloin projisoin oman rikkinäisyyteni oppilaisiini. En silloin ollut kykenevä näkemään rikkinäisyyttä itsessäni. Olin vielä kokonaan täydellisyyden naamion harhassa. Ajattelen nyt niin, että lähdin jo tuolloin etsimään rakkautta, minkä uskon olevan ihmisen syvin tarve. Mutta etsin sitä väärästä paikasta.

Suoritin kesäyliopistossa psykologian approbaturin. Opiskelumotivaationi oli ensimmäistä kertaa elämässäni korkealla. Hämmästyin itsekin, kun joka ikisestä tentistä tuli täydet pisteet. Siihen aikaan sai Jyväskylän yliopistosta opiskelupaikan psykologian opinnoissa, jos oli suorittanut approbaturin 3:lla. Sen lisäksi piti tenttiä hyväksytysti yksi englanninkielinen kirja. Olin opiskellut lukiossa englantia kolme vuotta. Kun aloin lukea tenttikirjaa, piti alussa etsiä melkein kaikki sanat sanakirjasta. Ehdin lukea noin puolet kirjasta, mutta se riitti. Sain juuri ja juuri hyväksytyn ja niin minulla oli opiskelupaikka psykologiassa.

Opiskelin innolla vielä cum laude approbaturinkin, kun ajattelin, että tärkeät asiat opiskellaan vasta laudatur-vaiheessa. Opiskelujen loppuvaiheessa petyin raskaasti; eipä löytynyt vastauksia kysymyksiini eikä tarpeisiini. Motiivi lopahti täysin, mutta sisulla suoritin tutkinnon loppuun. Harjoittelut olivat kyllä kiinnostavia.

Opiskelun vuoksi muutimme Hankasalmen asemalle. Sielläkin oli iso asunto koululla. Läheltä löytyi hyvä päiväapulainen. Talvisin koulun pihassa oli luistelukenttä. Lapset oppivat luistelemaan. Saimme molemmat työpaikan Hankasalmen kunnasta. Minä olin virkavapaana melkein vuoden.

Harjoittelut olivat kiinnostavia. Yhdessä harjoittelussa olin koululaitoksessa. Suoritin mm. koulukypsyystestejä koulunsa aloittaville. Näiden joukossa olivat omat kaksosemme. Mietin todella, kannattaako heidän aloittaa koulunsa 6-vuotiaana, kun heidän syntymäpäivänsä oli 30.12.1965. He menestyivät testissä niin hyvin, että päätimme antaa heidän aloittaa koulutaipaleensa kuuden vanhoina.

Toinen harjoittelupaikka oli Haukkalan lasten psykiatrinen laitos. Pääasiassa testasin lapsia sielläkin.

Olisin nyt voinut hakeutua psykologin tehtäviin, mutta en tehnyt sitä. Pidin työstäni opettajana ja ajattelin, että opettaja vaikuttaa lapsiin monta tuntia joka päivä, mutta psykologi vain silloin tällöin.

IRTI SYMBIOOSISTA

Alussa yhteiselämämme sujui ilman riitoja. Pekka ajatteli, että riittää, kun mies on kiltti. Minusta oli luontevaa johtaa. Yhdessä hoidimme lapsia. Timolla oli melkein kouluikään asti tuhrimisongelmia ja häntä testattiin sairaalassa. Eräässä lausunnossa kerrottiin, että Timo ei tiedä isän asemaa perheessä. Emme ymmärtäneet sitä, ihmeteltiin vain.

Nyt jälkeenpäin ajattelen, että emme tienneet mekään. Olimme molemmat rikkinäisiä ja epätäydellisiä, emmekä tiedostaneet sitä. Vuosia myöhemmin Avioparileirillä tehtiin testi naisellisuuden ja miehisyyden piirteistä. Hämmästyimme, kun Pekalla feminiiset piirteet olivat vahvemmat ja minulla maskuliiniset piirteet. Tuollaisen seikan tiedostamisen jälkeen pyrin tietoisesti eheytymään naiseudessani.

Elin täydellisessä pimeydessä, en tiennyt, mikä on oikein ja mikä väärin. Olin tuuliajolla, ilman tukevaa pohjaa jalkojen alla. Kuitenkin pidin yllä täydellisyyden naamiota ja uskottelin itselleni, että olen onnellinen ja minulla on kaikki hyvin.

Olimme olleet 6–7 vuotta naimisissa, kun minulle tuli erittäin ahdistava olo siitä, että suhteemme on liian kiinteä, symbioottinen. Minun oli pakko repiä itseni irti. Tuntui, että tukehdun muuten. Olimme tehneet kaiken yhdessä, menneet vain yhdessä joka paikkaan. Opiskelut toki olivat kummallakin omansa, mutta siinä olikin kaikki.

Noihin aikoihin käsiini osui kirja, Avoin avioliitto. Siinä kerrottiin, että avioliiton ulkopuoliset suhteet rikastuttavat parisuhdetta sillä ehdolla, että niistä kerrotaan avoimesti puolisolle. Valitsin auktoriteetikseni kyseiset opit. Seurauksena oli tavattoman rikkinäinen, repivä aika. Jossain tilanteessa sanoin Pekalle: "Nainen ei tee kiltillä miehellä mitään." Tuo lause jäi vaivaamaan Pekkaa ja hän on sitä toistanut usein myöhemmin. Tietenkään lause ei ole totta, mutta tosiasia on, että sanoin noin.

Samoihin aikoihin lähdin etsimään myös elämän tarkoitusta ja mielekkyyttä.

HELMIÄ IHMISSUHDERYHMISTÄ

Muutettuamme Tampereelle lasten Steiner-koulun vuoksi kuulin Ryhmätyö ry:n ihmissuhderyhmästä ja menin sinne viikonloppuna. Siellä olevat ihmiset näkivät naamioni taakse. Vakuutin heille, että minulla on kaikki hyvin, mutta he sanoivat minun valehtelevan. Kun tulin ryhmästä kotiin, muistan vieläkin, millaista kauhua tunsin, kun ajattelin: "Onko kaikki, mitä olen tähän asti pitänyt totena, ollutkin valhetta." Se oli suuri kulissien romahdus. Se tuntui silloin aivan kamalalta, kuin olisi maailman loppu tullut. Mutta kuitenkin se teki mahdolliseksi alkaa etsiä rehellisempää pohjaa elämälle.

Toisella kertaa ryhmässä koin yht`äkkiä jähmettyväni jäykäksi patsaaksi ryhmän keskelle. Seisoin siinä polvillani jäykkänä. Koin, että räjähdän, jos annan itselleni luvan. Annoin sen ja todellakin räjähdin. Huusin ja kiroilin. Näin ikään kuin ympärilleni levisi pieniä palasia, joilla jokaisella oli nimi, sellaisia kuin epäusko, epäluulo, kateus, mustasukkaisuus, viha jne. Kaikki olivat kielteisiä. Kohtauksen jälkeen oloni oli hämmästyttävän helpottunut ja vapaa. Vapauden tunne jatkui siitä eteenpäin vain edelleen syventyen. Olin aikaisemmin ollut tavattoman tietoinen itsestäni kaikissa tilanteissa. En mennyt ihmisten ilmoille, ellei minulla ollut ylläni tyylikkäät vaatteet, naama meikattuna ja tukka hienosti. En ollut tajunnutkaan, miten orjuuttavaa sellainen oli. Tämän jälkeen saatoin mennä minne vain, oli meikkiä tai ei. Eri tilanteissa unohdin itseni, olin vapaampi.

Tapaus tuntui minusta mystiseltä, enkä saanut keneltäkään selitystä siihen. Itse tulkitsin niin, että lapsuuden hylkäämiset ja selkäsaunat olivat synnyttäneet sisääni valtavasti vihaa. Nyt kaikki tai ainakin iso osa siitä purkautui kerralla ja oloni tuli sen myötä kevyemmäksi.

Ryhmänohjaajakurssin päätöskurssilla koin etten lainkaan tiedosta tunteitani. Olin pienestä pitäen oppinut taitavasti torjumaan tunteeni ja kätkemään ne syvälle sisimpääni. Nyt annoin kaikille tunteille luvan tulla tietoisuuteen ja pikku hiljaa aloin edistyä asiassa. Jotta sain kurssin suoritettua, minun piti järjestää ihmissuhderyhmä ja ohjata se työnohjauksessa. Se olikin mielenkiintoista ja edelsi monia ryhmiä, joita myöhemmin ohjasin.

Toinen asia, minkä koin, oli yllättävä. Kurssilla oli illanvietto, jossa sai isossa salissa tanssia vapaasti. Tämä oli minulle elämäni ensimmäinen tällainen kokemus. Olin juuri ollut tietynlaisella dieetillä ja oloni oli ihana ja kevyt. Tanssin ilosta ja vapaudesta. En ajatellut, katseliko kukaan, vain tanssin, luovasti, välillä vauhdikkaasti, välillä hitaammin. Nautinto oli suuri.

Jälkeenpäin sain tanssimisestani aika paljon kahdenlaista palautetta. Toiset sanoivat: "Sinun tanssiasi oli ilo katsella, toiset vertailivat. He sanoivat: "Tanssit paljon paremmin kuin muut." Yöllä minulle tuli kaamea tuskakohtaus. Tuskaa tuntui virtaavan ulos jokaisesta kehoni aukosta. Olin ymmälläni. Mutta sitten mieleeni tuli, että tuska johtui vertailevasta palautteesta. Ymmärsin, että se on tavattoman tuhoisaa, verrattiinpa sinua paremmaksi tai huonommaksi kuin joku toinen.

Totuus on, että olemme yhtä arvokkaita. Jos minun sanotaan olevan parempi kuin joku muu, minulla on suuri kiusaus tulla ylpeäksi ja luulla itseäni muita paremmaksi. Tämä onkin ollut alituinen harhaluulo itsestäni. Tavallisempaa lienee vertaaminen huonommaksi ja sitä seuraava alemmuus. Ylemmyys tai alemmuus; yhtä vahingollisia molemmat.

SOSIAATIOSSA

Steiner koulun opettajista kaksi suunnitteli steinerilaisen yhteisön perustamista maaseudulle. Minä innostuin myös asiasta. Siinä vaiheessa Pekka oli vielä kiltti, eikä pannut vastaan. Löysimme Kangasalta sopivan maatilan ja ostimme sen yhdessä, neljä perhettä ja yksi poikamies. Meillä oli uljaat suunnitelmat rakentaa sinne uudet tilat meille kaikille ja minulla oli unelma elää keskinäisessä rakkaudessa näiden ihmisten kansa elämämme loppuun saakka. Me lähdimme täysillä mukaan, myimme osakkeemme kaupungista ja muutimme maatilalle. Toisen steiner-opettajan, Ullan mies oli argentiinalainen biodynaaminen maanviljelijä Uli. He myivät myös maatilansa ja muuttivat sinne. Annoimme palkkamme yhteiseen kassaan. Elimme yhden kesän kaikki yhdessä. Meidän perhe asusti kesällä aitassa. Toisen perheen lapset olivat saman ikäisiä kuin meidän ja heillä oli tosi mukavaa yhdessä. He keksivät kaikenlaisia esityksiä ja kutsuivat meidät muut yleisöksi.

Unelmani auvoisasta yhteiselosta loppui ennätysajassa. En käsitä, mistä olin saanut sellaisen luottamuksen, että ongelmista päästään yli kohtaamalla ne. Tietenkin ongelmia ilmaantui, mutta petyin katkerasti, kun kumppaneillamme ei ollut muuta ratkaisua, kuin lähteä yhteisöstä. Niinpä syksyllä meitä oli enää jäljellä kaksi perhettä, Ullan ja Ulin perhe ja meidän perheemme. Jäimme siihen talveksi.

Meidän perheelle remontoitiin tilat yläkerrasta ja toinen perhe asui alakerrassa. Söimme ateriat yhdessä. Uli ja minä pidimme molemmat viljelemisestä ja viihdyimme yhdessä peltohommissa. Verestin myös saksankielen taitojani puhumalla Ulin kanssa saksaa. Jostain syystä heidän parivuotias poikansa pyysi päästä ruokapöydässä minun syliini. Steiner-koulun opettajille työ oli elämässä tärkein asia ja niinpä Ullalla meni töissä pitkään. Keväällä he halusivat eroon meistä. Me olisimme halunneet jatkaa yhdessä, joten he saivat lähteä.

Me lunastimme tilan itsellemme. Niin meistä tuli maatilan omistajia. Peltoa oli noin 6 hehtaaria ja metsää toinen mokoma. Hankimme lampaita, vuohia ja vasikan. Vasikasta kasvoi lehmä ja olimme hukkua maitoon. Siitäkin huolimatta että valmistin jogurttia ja juustoa ja naapurissa asui 8 lapsen perhe ja he ostivat maitoa 8 litraa päivässä. Opettelimme viljelemään maata biodynaamisesti. Arvostan Pekkaa, että vaikka hän oli kaupunkilaispoika, hän suostui oppimaan uusia taitoja. Rukiin viljely onnistui hyvin ja meillä oli pitkäksi aikaa hyvää ruista. Muurautimme ensi töiksemme uuden leivinuunin ja hankimme vanhan kahvimyllyn. Leivoin vuosikausia ruisleipää vastajauhetusta viljasta. Meillä oli myös maakellari, joten juurekset säilyivät talvellakin. Asuimme siellä 21 vuotta, mikä oli pisin aika, minkä olemme asuneet yhdessä paikassa.

MINUSSAKO VIKAA?

Elimme avioliitossamme vaikeita aikoja. Kaikki parit siirtyvät alkuaikojen symbioosin jälkeen tyytymättömyyden vaiheeseen. Meidän suhteessamme tuo aika oli rajua ja kesti kauan. Olisin tahtonut muuttaa tilanteen, mutta en tiennyt, miten se tapahtuisi. Kävimme jonkun terapeutin luona apua hakemassa, mutta ei se mitään hyödyttänyt. Luulin, ettei mitään apua ole edes olemassa. En koskaan ajatellut avioeroa, mutta tuntui epätoivoiselta kuvitella elämää eteenpäin suhteessa, jossa molemmat olimme tyytymättömiä emmekä tienneet, mistä saisimme apua.

Tein kaiken, mitä suinkin keksin, jotta vuorovaikutuksemme toimisi. Mikään ei tuntunut riittävän. Selvittelimme ristiriitojamme monesti yötä myöten. Aloin nähdä, että minussa oli jotain, mikä loukkasi Pekkaa. Hän suostui "vääntämään rautalangasta", mikä käytöksessäni oli satuttanut häntä. Halusin kiihkeästi ymmärtää sen. Aluksi ajattelin, että se mitä sanoin tai tein, oli sinänsä oikein, mutta nimenomaan Pekan ollessa kysymyksessä se oli häntä haavoittavaa. Hämmästyin, miten suuren helpotuksen tuon myönnytyksen tekeminen minulle toi.

Tuo oli ensi askel oman osuuteni näkemiseen ristiriidoissamme. Olisin tahtonut, että Pekka olisi myös saanut kokea samanlaisen helpotuksen, mutta niin ei tapahtunut. Mutta minä olen pikku hiljaa edistynyt oman osuuteni tiedostamisessa. Olen Pekalle äärettömän kiitollinen siitä, että hän on antanut minulle palautetta vioistani. Ei sitä ole yleensä ollut mukava kuulla, mutta sillä on ollut merkittävä osa eheytymisen matkallani. Minullahan oli itse luomani täydellisyyden naamio. Uskoin olevani aina oikeassa ja luulin, ettei minussa ole pienintäkään vikaa.

USKOON TULO

Menin kesällä 1978 hahmoterapiaryhmään. Siellä meillä teetettiin mielikuvaharjoitus. Piti kuvitella kiipeävänsä vuorta ylös huipulle ja siellä oli vuoren viisas vanhus. Sanottiin, että hän antaa lahjan. Ihmettelin suuresti, kun hän antoi minulle uuden sydämen. Ajattelin, en minä tarvitse uutta sydäntä, minulla on ihan hyvä sydän. Tulin uskoon 5.9.1978.

Vasta viime aikoina olen ymmärtänyt, että minulla oli kivisydän ja minä todellakin tarvitsin sitä, että Jumala otti pois kivisydämen ja antoi tilalle lihasydämen. Vasta parisen vuotta sitten sydämeni parantui vastaanottamaan Jumalan Isän rakkautta.

Pekka lähti joskus mukaan tilaisuuksiin ja tutustui muutamaan uskovaan mieheen. Uskoon tulo oli mielestäni maailman ihanin ja tärkein asia, eikä ole ihme, että halusin muidenkin löytävän sen, minkä itse olin löytänyt. Toivoin, että Pekka ja lapsemme kiinnostuisivat myös etsimään Jeesusta elämänsä Herraksi. Pekka lähti miesten päiville Oronmyllylle. Hän kertoi, että kun menomatkalla soitettiin Titanic-hymniä, hän kuvitteli auton hukkuvaksi laivaksi ja muiden miesten menevän taivaaseen ja hän joutuisi helvettiin. Tämä valmisti häntä pyytämään rukousta puolestaan. Oli joulukuu 1978. Viikon päästä Pekan uskoon tulosta rukoilimme yhdessä ensimmäistä kertaa ja pyysimme Jumalaa antamaan meille rauhallisen yöunen.

TULIPALO

Keskiyöllä heräsimme kauheaan huutoon: "Teidän navetta palaa." Pekka toimi tehokkaasti kehottaen minua herättämään lapset ja yrittäen pelastaa eläimet. Hän saikin pelastettua lehmän ja vasikan, vuohet ja osan lampaista. Hän sai kyllä kaikki ulos, mutta kolme rotulammasta palasi kerta toisensa jälkeen takaisin palavaan navettaan. Pakkasta oli noin 30 astetta. Pari naapuria otti eläimet omiin navettoihinsa ensihätään. Eläimet saivat uuden kodin eri puolilta ja lampaat menivät teuraaksi. Meiltä meni siinä rytäkässä myös vesijohto. Hankin perheellemme joka viikko saunomispaikan ja pyysin samalla saada pestä pyykin. Kohtasin erilaisia vastauksia; Lappalaisen Hilkka, aikaisemmin mainittu välitön karjalaisemäntä toivotti meidät tervetulleiksi vaikka joka viikko todella tarkoittaen sitä, jotkut suostuivat vähän vastahakoisesti ja kaikkea siltä väliltä. En muista, että yksikään perhe, mistä kysyin, olisi kieltäytynyt ottamasta meitä edes kerran. Jälkeenpäin ihmettelen, ettei reissu uimahalliin tullut mieleen.

Se oli erikoinen rukousvastaus. Luulen, että olimme haalineet itsellemme liian suuren urakan hoitaessamme tuota karjaa palkkatyömme ohella. Olimme olleet siinä kiinni aamuin illoin. Nyt meille tuli vapautta käydä kokouksissa. Loppujen lopuksi ajattelen näin jälkeenpäin, että tulipalokin oli Jumalan viisasta johdatusta.

VAPAAKSI ANTROPOSOFIASTA

Olin uskoon tullessani täysillä kiinni antroposofiassa. Aluksi en nähnyt eroa steinerilaisuuden ja kristinuskon välillä. Steinerilla on oma kristinoppinsa ja omat pappinsa. He sanovat, että Jeesuksen löytäminen on elämän tärkein asia. He uskovat jälleensyntymiseen ja sen avulla he selittävät Jeesuksen olemuksen. En enää muista sitä, enkä haluakaan muistaa. En verran muistan, että heillä on kaksi Jeesusta.

Kävimme uusien uskovien ystäviemme kanssa Metodistikirkossa. Siellä toimi armolahjat, puhuttiin kielillä, profetoitiin, parannettiin sairaita. Minusta oli aivan ihmeellistä nähdä tätä kaikkea omin silmin ja uskoin epäilyksettä, että Raamattu on totta tänä päivänä ja nykyisin tapahtuu samoja asioita kuin Jeesuksen ja apostolien aikoina. Ystävämme olivat saaneet Pyhän Hengen ja he innostivat minuakin menemään eteen pyytämään

Pyhällä Hengellä täyttymistä. Tein niin, mutta sanoin rukouspalvelijalle, että olen arvoton saamaan sitä. Hän sanoi, että sekin on lahja, jota ei voi ansaita, vaan se pitää vain ottaa vastaan. Hän selitti, että kun otan vastaan Pyhän Hengen, voin myös puhua kielillä. Hän rukoili puolestani ja minä puhuin kielillä. Ilo täytti mieleni.

Koin myös ihmeellisen rakkauden virtaavan sydämeeni ja juuri se synnytti ilon. Vasta viime aikoina olen ymmärtänyt, että olennaisinta Pyhän Hengen kasteessa onkin juuri rakkauden vastaanottaminen. Sitä ei vain ymmärretty noihin aikoihin, kun keskityttiin kielillä puhumisen korostamiseen Hengellä täyttymisen merkkinä.

Täytyttyäni Pyhällä Hengellä ymmärsin ilman epäilystä, että antroposofiassa vaikuttaa eri henki kuin kristinuskossa, Luciferin, saatanan henki. Otimme lapsemme pois Steiner-koulusta, poltin nuotiolla kaikki antroposofiset kirjat ja luovuin biodynaamisesta viljelystä. Kutsuimme pastorin kotiimme ja hän rukoili vapautusta lapsille kaikista steinerilaisuuden vaikutuksista.

LUKU 7. LAPSET KASVAVAT

PERUSKOULUSSA

Minulla oli luja luottamus siihen, että lapsemme pärjäävät peruskoulussa hyvin, vaikka opiskelu Steiner-koulussa olikin ollut hyvin erilaista. Joitakin asioita, mitä oppilaat peruskoulussa olivat opiskelleet, ei Steiner-koulussa oltu opiskeltu lainkaan. Lapset itse pelkäsivät pärjäämistään. Tiina oli silloin 8:nnella luokalla ja vastusti jyrkästi peruskouluun muuttamista. Kuitenkin sekä Steiner-koulun opettajat että me vanhemmat olimme sitä mieltä, että kaikkien lastemme oli parasta vaihtaa koulua yhtä aika. Muutos oli kieltämättä iso.

Tiinalle koulun vaihto oli erityisen rankkaa siksikin, että hän oli vähitellen uusiin oloihin sopeutuva, hiljainen ja arka. Hän teki kuitenkin paljon töitä menestyäkseen, oppi nopeasti uudet asiat ja otti tukiopetusta sitä tarvitessaan. Erityisen hyvin hän menestyi kuvaamataidossa. Päästötodistuksen keskiarvo oli yli 9.

Pojat olivat Steiner-koulussa 7:nnellä luokalla. Laitoimme heidät peruskouluun 6:nnelle luokalle neljä-opettajaiseen ala-asteen kouluun sen sijaan, että he olisivat menneet 7:nnelle isolle ylä-asteelle. Heidän opettajansa kertoi poikien olevan innoissaan hienoista oppikirjoista – Steiner-koulussa heillä ei ollut ollut oppikirjoja lainkaan. Uskon, että oli viisasta tiputtaa kaksoset tässä vaiheessa luokkaa alemmaksi. He saivat kiitettävät todistukset sekä ala- että yläasteelta. He naureskelivat hyötyneensä siitä, että Tiina oli ollut kuvaamataidossa niin hyvä. Tiinan maine kuulema kantoi heitä.

Hanna meni peruskouluun 5:nnelle luokalle. Hän otti ahkerasti tukiopetusta englannissa. Steinerkoulussa oli opiskeltu enimmäkseen saksaa. Hanna tuli uskoon 12-vuotiaana. Seurakunnassa opetettiin siihen aikaan, että tanssiminen on syntiä. Niinpä Hanna ei osallistunut liikuntatunneilla tanssin opetukseen. Hannankin keskiarvo oli yli 9.

Timokin tuli uskoon mentyään helluntailaisten kesäleirille. Hän kävi kasteella yhdessä Pekan kanssa ja liityimme Helluntaiseurakuntaan. Sitä kesti muutamia vuosia.

Tiina ja Tommi kävivät rippikoulun.

Näihin aikoihin lapsemme tulivat murrosikään. Se oli kaikilla heillä voimakas. Vanhemmat olivat mänttejä, koti oli kamala ja kaikkea moittimista riitti. Aluksi oli kolme vanhinta kapinakuorossa ja nuorin oli siitä ulkopuolella. Mutta yhtenä päivänä hän liittyi muitten joukkoon. Se oli minulle rankkaa aikaa. Parisuhde ei toiminut ja monta kertaa koin olevani perheessä yksin viittä vastaan. Toisaalta kontrolloimisen tarpeeni oli voimakas. Kaiken olisi pitänyt sujua minun pillini mukaan.

Halusin lasten oppivan työn tekoa, mihin minutkin oli lapsena kasvatettu. Mielestäni lapsille oli hyödyllistä oppia kaikkia kodin töitä. Enimmäkseen tavallinen puhe ei saanut heitä tottelemaan. Sain sanoa monta kertaa ja äänen volyymi kohosi kerta kerralta. En pitänyt siitä ollenkaan. Keksin systeemin, joka toimi hyvin. Laadin listan viikonlopun töistä ja lapset saivat itse valita siitä itselleen mieluisat tehtävät. He pitivät huolen valitsemistaan töistä ja kaikki oppivat laittamaan ruokaa, siivoamaan ja leipomaan. Minulla oli siihen aikaan usein tiskivuoro.

KOULUN JÄLKEEN

Yksikään lapsistamme ei jatkanut suoraan lukioon. Siihen saattoi vaikuttaa Pekan työ peruskoulun opintojen ohjaajana. Hän puhui, että monen oppilaan olisi parempi mennä ammattikouluun kuin lukioon.

Tiina kävi ensin Ahlmannin emäntäkoulun Tampereella. Hän asui viikot koululla ja vietti viikonloput kotona. Sitten hän sai työpaikan Kangasalla Reumasairaalan keittiössä. Siellä hänellä oli pienen pieni oma kämppä. Sen jälkeen hän pääsi Pieksämäelle sosiaalialan opintoihin. Sekin oli sisäoppilaitos. Tiinalle selvisi, ettei se ole hänen alansa. Hän haki Helsinkiin opiskelemaan hammasteknikoksi. Hän pääsi samalle alalle, laborantin koulutukseen. Hän meni sinne ja puolen vuoden kuluttua pääsi opiskelemaan hammasteknikoksi. Helsingissä Tiina tutustui Juhaan, joka opiskeli Turussa, mutta oli kotoisin Helsingistä. Hän lähti harjoittelupaikkaan Turkuun ja sille tielle jäi. Hän meni Juhan kanssa asumaan, myöhemmin naimisiin, ja sai Turusta työpaikan. Perheeseen syntyi kaksi lasta, Katariina ja Juuso. Minun mielestäni Tiinan tie ammattiin oli hieno, sillä se totutti häntä vähitellen itsenäistymään. Noin viisikymppisenä Tiina joutui akryyliallergian vuoksi vaihtamaan alaa ja kouluttautui maisemasuunnittelijaksi.

Timo pääsi autonasentajalinjalle Tampereelle. Hän hankki asunnon Tampereelta ja sai opistoinsinöörin paperit. Hän toimi aktiivisesti Kansan Raamattuseuran opiskelijatyössä ja tutustui siellä Tainaan, äidinkielen opettajaksi opiskelevaan nuoreen naiseen. Tainan vanhemmat olivat ihastuneita Timoon, kun hän pyysi Tainan isältä hänen tytärtään vaimokseen ja osasi käyttäytyä.

Tommi, äitini, Anneli, veljeni tytär, Tiina, Juha Tiinan mies, Hanna ja Timo.

Takana veljeni Kalevi, Tommi, Timo, Juha, keskellä Taina Timon vaimo, Tiina, Liisa Kalevin vaimo, Hanna ja Anneli, edessä Pekka, minä, Helvi Pekan äiti ja Alma minun äitini.

Isäni haudan äärellä eturivissä Seppo ja Anneli, Kalevin lapset, Liisa, Hanna, Tiina, minä, äiti ja Hilkka-serkku. TakanaTimo tyttöystävänsä kanssa, Tommi, Pekka ja Kalevi.

Minä 50-vuotisjuhlassa Kurunkylän Juhalassa.

Hauskaa Pekan 50-vuotisjuhlassa Marjelundissa.

Opetuslapseuskoululaisia retkellä Lapissa. Minä vasemmalla.

Vatialan koulun luokkani pyöräretkellä Kurunkylässä kotonani.

Kielikoulussa Edinburgissa.

Vatialan koulussa minulla oli Jeesus-kerho.

Äidin kanssa Israelissa v. 1987

Johdatin bussillisen kangasalalaisia Billy Grahamin kokoukseen Helsinkiin.

47

Heidän häitään juhlittiin UKK-instituutissa. Timo on aina ollut hyvä hankkimaan työpaikkoja. Hän osaa laatia hyvät hakupaperit ja pärjää haastatteluissa. Työ on vienyt heidän perhettään Vaasaan, Lohjalle ja lopulta Tampereelle. Oltuaan monta vuotta kahdestaan perheeseen siunaantui kaksi lasta, Iida ja Ilmari. Monta vuotta Timo oli suunnittelijana Nokialla, mutta siirtyi sieltä katsastusmieheksi.

Tommi lähti peruskoulun jälkeen valmistumaan metsuriksi. Siitä hän ei kuitenkaan saanut itselleen ammattia. Joidenkin tilapäistöiden jälkeen hän meni Ammattikurssikeskukseen autopeltiseppäkurssille. Siinä työssä hän oli ilmeisen taitava. Hän sai Veholta harjoittelupaikan ja sen jälkeen vakituisen työn. Tuli lama-aika ja puolet väestä sai kenkää, Tommi jäi. Työnjohtaja pyysi Tommin sijaisekseen, kun hän itse oli koulutuksessa tai lomalla. Hän lähti sitten kouluttajaksi Ammattikurssikeskukseen ja hetken päästä kutsui Tomminkin sinne. Siellä ollessaan Tommi opiskeli työn ohessa opettajan pätevyyden. Tommi tutustui Erjaan ja Miira syntyi. Erjalla oli ennestään 5-vuotias Marika hänen aikaisemmasta parisuhteestaan. Tommi oli hyvä isäpuoli Marikalle ja Marikalla oli toimiva suhde myös omaan isäänsä. Tommin ja Erjan suhde kariutui noin 10 vuoden kuluttua. Miiran ollessa 14 v., Tommi rakastui Miiaan ja Tatu syntyi. Miialla oli aikaisemmasta avioliitosta 4-vuotias Otto. Liitto Miian kanssa kesti vain noin vuoden, mutta Tommi on ottanut vähintään joka toinen viikonloppu luokseen sekä Oton että Tatun ja lomilla pitempäänkin.

Tommi haki vielä entisen työnjohtajansa kutsusta Rajamäelle kouluttamaan koko maan autopeltiseppiä ja opiskeli sieltä käsin ammattikorkeakoulussa insinööriksi. Sieltä Tommi siirtyi Tampereelle Ammattikouluun opettajaksi ja löysi viisaan naisystävän Minnan. Tommin tie ammattiin on ollut poikkeava ja kiinnostava.

Hanna lähti peruskoulun jälkeen Lappiin helluntaiseuran leirikeskukseen Raamattukouluun. Sieltä hän matkusti Englantiin yhteiskristilliseen koulutuskeskukseen työhön ja kieltä oppimaan vuodeksi. Suomeen tultuaan hän lähti evankelioimismatkalle

Intiaan helluntaiseurakunnan nuorten mukana bussilla halki Euroopan 8 kuukaudeksi. Sen jälkeen Hanna meni töihin Postiin ja kävi lukion iltaoppikoulussa. Hän opiskeli Tampereen yliopistossa matematiikan opettajaksi. Hän ilmoitti alkaneensa seurustella Petrin kanssa ja pian vietettiin heidän häitään Tampereen helluntaiseurakunnassa. He saivat kaksi tyttöä, Ninan ja Miian ja tyttöjen ollessa alle kouluikäisiä Petri oli töissä lähellä Dallasia kolme vuotta. Perhe oli tietenkin mukana. Muutama vuosi sitten Hanna ja Petri erosivat.

LUKU 8. USKON TIELLÄ

SYKRISSÄ

Uudet ystäväni kehottivat minua lukemaan joka päivä Raamattua ja viettämään hiljaista hetkeä, siis rukoilemaan. Luin innoissani Raamattua päivittäin vuosia, loppuun päästyäni aloitin uudelleen alusta. Toisinaan vain luin, mutta aika usein minulla oli vihko, mihin kirjoitin kysymyksiä tai kommenttejani lukemastani ja odotin Jumalan vastaavan. Kirjoitin vastaukseksi sen, mitä tuli mieleeni. Vastaukset tuntuivat minusta loogisilta ja olin tyytyväinen.

Vuoden alkupuolella kuulin Jumalan sanovan minulle: "Mene Sykriin." Tiesin, että Sykri oli Yhteiskristillinen raamattukoulu Kustavissa. Kauhistuin ensiksi. Ajattelin, etten voi mitenkään lähteä, minullahan on työ ja perhe. Kuitenkin olin varma, että kutsu tuli Jumalalta. Minulla oli käsitys, että ihmiselle on parasta, että hänelle tapahtuu elämässä Jumalan tahto ja olin päättänyt tehdä Jumalan tahdon. Niinpä lähdin kahdeksi kuukaudeksi raamattukouluun. Siellä piti kirjoittaa raportti kirjasta "Jumalan Isän sydän," jonka on kirjoittanut Floyd McLang.

Nyt viime vuosina käytyäni Isän sydän A- ja B-kouluissa olen ollut aivan ihmeissäni, että minut johdatettiin jo tuolloin tutustumaan siihen tosiasiaan, että Jumala on meitä rakastava Isä. Tosin en silloin vielä ymmärtänyt asiasta paljon mitään.

OPETTAJANA ERILAISISSA KOULUISSA

Kangasalle muutettuamme sain ensiksi työpaikan kehitysvammaisten lasten koulussa. Olin siinä työssä neljä vuotta. Lapset olivat suloisia, he osoittivat välittömästi rakkauttaan. Kaikki iloitsivat, kun joku oppi jonkin taidon. Yksi oppi käymään parturissa, toinen vähitellen antamaan hammaslääkärin paikata hampaitaan, kolmas oppi syömään erilaisia ruokia kiukuttelematta.

Yksi oli testeissä osoitettu kehitysvammaiseksi ja laitettu meidän kouluumme. Äiti oli toista mieltä. Minä olin samaa mieltä äidin kanssa tutustuttuani lapseen. Hänen älyssään ei ollut mitään vikaa. Hän oli kyllä erilainen lapsi. Nyt oli hyötyä psykologin opinnoistani. Lausunnolla, minkä kirjoitin lapsesta, oli painoarvoa ja niin lapsi pääsi Jyväskylään juuri hänelle sopivaan opinahjoon.

Yksi lapsi oli loukkaantunut kolarissa ja sai epileptisiä kohtauksia. Häneen en valitettavasti osannut suhtautua niin kuin olisi pitänyt, vaan olin hänelle liian ankara. Siinä koulussa osattiin iloita pienistä asioista ja arvioida oppimista pitkällä aikavälillä.

Uskoon tultuani olin vuoden kotona, toteutin pitkäaikaisen haaveeni oppia kutomaan kangaspuilla ja maalasin talomme ulkopuolelta.

Vuoden pesti apukoulun 9:nnellä luokalla oli alussa karmea kokemus. Oppilailta puuttui motivaatio ja halu mihinkään oppimiseen, sen sijaan he käyttivät energiansa opettajan savustamiseen pois koulusta. Monena päivänä tulin itkien töistä kotiin. Olin kuitenkin sinnikäs ja kekseliäs ja ennen pitkää yhteistyömme alkoi jotenkuten sujua. Pidimme joka päivä kahvihetken luokassa. Hankin viiriäisen munia ja haudoimme niistä pikkuisia viiriäisen poikasia. Joulujuhlaan teimme valokuvaaja ystäväni kanssa diakuvin näytelmän, jossa suutari odottaa Jeesusta vieraakseen. Oppilaat puhuivat vuorosanat nauhalle. Siitä tuli hieno.

Olin sijaisena parissa ala-asteen koulussa yhteensä 2 v. 3 kk. Toisessa koulussa oppilaat kirjoittivat Jeesukselle kirjeen. Hämmästyin, kun suurin osa ilmaisi halunsa uskoa Jeesukseen. Toisessa pidin oppilaille Jeesus-kerhoa. Kävimme uskon ystäviemme kanssa tutustumassa Kivala-kotiin. Ihastuin kovasti siihen, että siellä toimittiin uskonvaraisesti. Hoidettiin antaumuksella ja rakkaudella vammaisia nuoria ja lapsia. Henkilökunta teki työnsä ilman palkkaa ja Jumala piti huolen kaikista tarpeista. Äiti-Mamma, laitoksen perustaja ja johtaja pyysi minua sinne opettajaksi. Suostuin ja olin siellä vapaaehtoisena kaksi vuotta. Olisin tahtonut muuttaa kodin hallitsemiskäytännön demokraattiseksi, mutta en onnistunut siinä, joten lähdin pois. Kiinnostavaa oli, että sen ajan kun minä tein palkatonta työtä, Pekan äiti antoi Pekalle jokaisella vierailulla tukun seteleitä. Meiltä ei puuttunut mitään. Tein koulussa neljä päivää töitä viikossa ja olin kolme päivää kotona. Pekka kävi toisinaan minun luonani yökylässä.

MISSIO-NUORTEN OPETUSLAPSEUSKOULUSSA V. 1986

Mielessäni oli herännyt halu lähteä opiskelemaan sielunhoitajaksi tai terapeutiksi, mutta nimenomaan kristilliseltä pohjalta. Sain kuulla, että missio-nuorilla on sellaista koulutusta. Mutta päästäkseen sielunhoitajakouluun piti ensin käydä opetuslapseuskoulu. Niinpä lähdin Siuntioon kolmen kuukauden kurssille. Ihastuin ikihyväksi kristillisyyteen, mitä siellä näin. Opettajat ja henkilökunta olivat kokosydämestään Kristukseen sitoutuneita, mutta samalla hulluttelevia, vapaita ja iloisia. En ollut missään nähnyt sellaista aikaisemmin. Opetussuunnitelma oli myös kiinnostava: ensimmäinen kuukausi opetettiin jokaisella oppitunnilla sitä, että Jumala on meidän rakastava Isämme. Uskoin sen ja ymmärsin älylläni, että Jumala on hyvä ja että minulla on aina vapaa pääsy Hänen syliinsä. Minulla on ollut runsain määrin ahdistavia tilanteita, epäonnistumisia ja mokia. Kun olen juossut Isin syliin ja purkanut hänelle huoleni, Hän on aina lohduttanut ja antanut rauhan, ilon ja luottamuksen. Olen ikään kuin nähnyt Jumalan mahdollisuudet. Toisena kuukautena tutustuttiin totuuteen meistä itsestämme ja kolmantena kuukautena kerrottiin siitä, miten voimme levittää sanomamme maailmaan. Sen jälkeen oli evankelioimismatka jonnekin kaukomaahan. Siihen minä en osallistunut.

Jälkeenpäin olen kuullut, että vähän aikaisemmin Jumala oli antanut Jack Winterin kautta maailmalle ilmestyksen itsestään rakastavana Isänä, mutta yksikään seurakunta ei ottanut sanomaa vastaan. Loren Cunningham oli Missio-nuorten kansainvälinen johtaja ja hän avasi ovet kaikkiin Missio-nuorten keskuksiin maailmassa.

Tarkoitus oli, että ihmiset ottaisivat Isän rakkautta jatkuvasti sydämeensä. Vasta muutama vuosi sitten tajusin, että minun sydämeni ei tuolloin pystynyt vastaanottamaan Jumalan Isän rakkautta. Mutta pääni otti sanoman vastaan ja siitä saakka olen uskonut ilman epäilyksen häivääkään, että Jumala on minun rakastava Isäni, ja että minulla on pääsy Isän syliin milloin vain. Ymmärrän, että sillä tiedolla on ollut tavattoman iso merkitys eheytymisen matkallani.

Itsetuntemuskurssin, Jumalan luotilanka, katsoimme videolta. Opettajana oli uusseelantilainen Bruce Thompson. Kurssi antoi minulle valaisevan ymmärryksen itseeni. Jumalan tarkoitus on, että saisimme kasvaa rakkaudellisessa, hyväksyvässä ilmapiirissä omaksi itseksemme. En ollut kasvanut sellaisessa. Rakkauden puute saa lapsen valitsemaan kahdesta vaihtoehdosta, joko kiltteyden tai kapinallisuuden. Jotkut hoippuvat vuoroin toisella, vuoroin toisella puolella. Minä olin hyvin selkeästi kapinoiva. En osaa sanoa, missä vaiheessa elämääni olen kyennyt näkemään itsessäni seuraavia kapinoinnista syntyneitä ominaisuuksia: vihamielisyys, omahyväisyys, hienostelu, ylpeys, ylemmyydentunto, kilpailuhenki, hallitsevuus, jäykkyys, manipulointi, itsepäisyys, harhaluuloisuus, katkeruus, kriittisyys, kontrolloivuus, omistushaluisuus. Kurssin lopuksi johtajat rukoilivat jokaisen kurssilaisen puolesta. Muistan, että minun oli vaikea suostua ottamaan vastaan eheyttävää rukousta. *Tämäkin opetus upposi päähäni. Tuntui helpottavalta ymmärtää itseäni. Vasta paljon myöhemmin olen tajunnut, miten syvässä minulla on ollut käsitys, että minun on selvittävä yksin, en voi pyytää apua keneltäkään. Kun en saanut apua opin tiellä enkä muissakaan asioissa vanhemmiltani, päätin lujasti, että minähän selviän yksin. Sen muurin murtamiseksi tarvittiin elämäni suurin kriisi monia vuosia myöhemmin.*

Pekan 60-vuotisjuhlassa Hanna, Tommi, Timo ja Tiina, edessä Pekka ja minä.

Hanna lähdössä Intia-aktioon 8 kuukaudeksi. Eeva-täti, äiti, Tiina, Helvi, minä, Hanna ja Pekka.

Lapsenlapset, Nina, Iida, Ilmari, Miira, Katariina ja Mia. Takana Juuso.

Yhdellä Pekan järjestämistä yllätyshäämatkoista.

Sanaa ja sauvakävelyä -matkalla Gran Kanarialla.

54

Suloisia kilejä Kurunkylän kodissamme.

Raamattukylän kesänäytelmässä.

Klovnikurssilla.

Veljeni Kalevi vaimonsa Liisan kanssa hilpeällä mielellä.

Teimme opetuslapseuskoulusta kaksi mukavaa matkaa. Toinen suuntautui Lappiin, toinen Pietariin. Pietarissa yksi kurssimme tytöistä jutteli hotellimme vastaanotossa venäläisen nuoren miehen kanssa ja tämä pyysi häntä ajelulle kanssaan. Tyttö ei uskaltanut lähteä yksin ja pyysi minua seurakseen. Tyypillistä minulle, että sen enempää miettimättä suostuin. Niin lähdettiin pimeään yöhön ja ajeltiin hurjaa vauhtia pitkin Pietarin katuja. Pysähdyttiin toisen hotellin eteen ja mentiin sisälle. Seuralaisemme maksoi meidät sisään ja sitten katsoimme silmät pyöreinä joitain tanssityttöjä vähissä hepenissä. Tilanne tuntui uskomattomalta. Vielä lisää hurjalta tuntuvaa ajelua pimeillä kaduilla ja lopulta pääsimme turvallisesti takaisin omaan hotelliimme jännittävää seikkailua rikkaampina.

Kurssin loppupuolella menin kysymään johtajalta, miten pääsen sielunhoitokurssille Sveitsiin. Hän totesi suoralta kädeltä, että minun paikkani on kotona mieheni luona, eikä missään kursseilla ulkomailla. Järkytyin suuresti, itkin päivän. Uskoin, että johtaja on oikeassa ja luovuin unelmastani lähteä opiskelemaan sielunhoitoa. Luopuminen teki kipeää. Tämän jälkeen koin olevani hyllyllä. Minulla oli voimakas halu palvella seurakunnassa, mutta en vain löytänyt paikkaani. Tutustuminen Marina Ahoseen tuntui Jumalan lahjalta.

Uskon, että unelma tulla sielunhoitajaksi oli Jumalalta, mutta se toteutui vasta monia vuosia myöhemmin. Sitähän en silloin tiennyt ja sen takia siitä oli niin vaikea luopua. Pekka sanoi, että jos olisin silloin lähtenyt ulkomaille opiskelemaan, liittomme olisi hajonnut.

VENÄLÄINEN YSTÄVÄ

Kun palasin kotiin Opetuslapseuskoulusta, menin suoraan Ahosen Harrin ja Marinan tupaantuliaisiin. Useimmat vieraat olivat jo ennättäneet lähteä. Harri ja Marina olivat menneet naimisiin ja muuttaneet Kangasalle. Marina oli venäläinen englannin opettaja, hyvin kaunis nuori nainen. Hän osasi vähän suomea ja minä vähän englantia. Ymmärsin, että Marina oli yksinäinen, eivätkä suomalaiset kovin helposti tutustu venäläisiin. Sanoin Marinalle, että haluaisin alkaa jutella hänen kanssaan englanniksi, jotta saisin harjaannusta englannin puhumisessa. Hän suostui ilomielin.

Tapasimme kerran viikossa. Luimme pätkän Raamattua ja keskustelimme siitä tai hän kertoi ongelmistaan. Ystävyytemme jatkui vuosia. Hänellä oli ongelmia lasten kasvatuksessa ja parisuhteessa. Kuuntelin ja pyrin auttamaan kykyjeni mukaan. Marina halusi saada opettajan paikan Suomesta, mutta hän pelkäsi kovin, ettei hänen suomenkielen taitonsa riitä. Pyysin häntä sijaisekseni omalle luokalleni pariksi päiväksi. Valmistin oppilaani ottamaan hänet hyvin vastaan. Hän tuli, vaikka pelkäsikin kauheasti. Jälkeenpäin hän oli aivan innoissaan. Oppilaat olivat olleet mukavia ja hän selvisi. Hänellä oli englannin tunteja aikuisille iltaisin kansalaisopistossa. Aikanaan hän sai töitä myös yläasteella ja piti siitä kovin.

Marina halusi mennä kasteelle ja liittyä kirkkoon. Hän kävi yksityisesti rippikoulun ja pyysi meitä ja yhtä toista ystäväparia kummikseen. Kun Pekka ja minä aikanaan löysimme avioparileirit, hekin menivät ja tekivät avioparityötä Venäjän puolellakin. Noihin aikoihin koin olevani melkein 10 vuotta "hyllyllä, erämaassa", toisin sanoen, minulla oli valtava halu palvella seurakunnassa eikä löytynyt tehtäviä, jotka olisi kokenut omikseni. Minulle oli arvokasta tämä ystävyys Marinan ja hänen perheensä kanssa.

ENGLANTIA OPPIMASSA

Osallistuin kielikurssille Edinburgissa 1988. Asuin siellä Margaret Johnstonin perheessä. Yritin löytää vapaa-aikoinani tilaisuuksia puhua. Lähdin viikonloppuna bussiretkelle ja varasin paikan etukäteen bussista. Vain yksi paikka oli varattu ja otin viereisen paikan. Muita matkustajia ei sitten tullutkaan, mutta sain harjoitella keskustelemista kömpelöllä englannillani yllin kyllin mennen tullen ja perilläkin.

Kerran olin kaupungilla ja alkoi sataa kaatamalla. Olin koulumme kohdalla ja poikkesin sisään sadetta pitämään. Koulumme johtaja oli siellä ja aloimme jutella. Hän oli ollut suomalaisen naisen kanssa naimisissa ja opettanut englantia mm. kansakoulun opettajille. Niihin aikoihin kansakoulussa aloitettiin englannin kielen opettaminen kolmannella luokalla. Kurssilla oli ollut jonkin syrjäisen koulun opettaja hankkimassa pätevyyttä opettaa omalla koulullaan englantia koulunsa oppilaille. Hänen omaatuntoaan oli jäänyt vaivaamaan se, että hän oli päästänyt opettajan tentistä läpi, vaikkei hänen suorituksensa ollut ollut riittävä. Toivonpa, että olisin voinut vakuuttaa hänet siitä, että tuo "virkavirhe" oli anteeksisaatu!

Etsiskelin siellä seurakuntayhteyttä. Kävin Margaretin seurakunnassa. Se oli iso kirkko ja siellä oli muutama ihminen. Lähdin sieltä ja kävelin pitkin katuja. Kadulla oli iloisen näköisiä ihmisiä ja he houkuttelivat minut sisään omaan kirkkoonsa. Siellä koin aivan ihastuttavan konsertin. Oli monta kymmentä nuorta miestä Amerikasta jostakin kristillisestä yliopistosta kiertueella ympäri Eurooppaa. Osaisinpa kuvailla edes hitusen kokemaani elämystä. He lauloivat hartaita, juhlallisia, reippaita, iloisia ja humoristisia lauluja. Heillä oli erilaisia soittimia, jopa kattilan kansia tai muita sellaisia. He vaihtoivat sukkelasti paikkojaan eri puolille kirkkoa. Aina välillä joku nuorista miehistä todisti uskostaan rennosti ja luontevasti. Näin heissä saman tyyppistä kristillisyyttä, mitä olin nähnyt opetuslapseuskoulussa; rentoa, iloista ja kuitenkin syvästi sitoutunutta. Olin kiitollinen, että olin osunut siihen paikkaan. Kävin tuossa kirkossa monta kertaa ja pidin siitä kovasti. Minut otettiin sydämellisesti vastaan.

Matkustimme v. 1990 Pekan kanssa asuntoautollamme Lontooseen 10 viikoksi kielikouluun. Ajoimme Ruotsin halki yötä myöten. Autosta puhkesi rengas. Emme omin voimin saaneet rengasta irti. Olimme aika tavalla hädissämme. Lopulta paikalle osui joukko nuoria miehiä ja he onnistuivat renkaan vaihdossa. Onneksi meillä oli riittävästi aikaa ja ehdimme Göteborgiin laivaan. Pekka oli tosi taitava ajamaan Lontoossa ja eri puolilla Englantia. Kuvittelimme mennessämme, ettemme paljonkaan ajaisi Lontoossa, mutta toisin kävi. Ensiksi piti löytää korjaamo,

jotta saimme rikkinäisen renkaan paikatuksi. Toiseksi asunto-
lamme sijaitsi muutamien kilometrien päässä koululta. Eräs
oppilas oli loukannut jalkansa, eikä pystynyt kävelemään. No,
Pekka kuljetti häntä.

Minulla oli valtavan suuri motivaatio oppia puhumaan suju-
vasti englantia ja tiesin, että oppiminen olisi nopeaa, jos puhui-
simme koko ajan vain englantia. Ehdotin Pekalle, että käyttäi-
simme keskinäisessä kommunikoinnissammekin englantia. Olin
tosi pettynyt, kun Pekka ei suostunut. Oppitunneilla opin aika
vähän puhumista ja muut ajathan olimme yhdessä.

Kävimme Margaretin luona Edinburgissa, länsirannikolla
Bath'issa ja etelä-Englannissa jossain Missio-nuorten keskuksessa.
Asuntoautolla oli helppo ja mukava matkustaa, nukuimme siinä
ja valmistimme joskus ruokaakin.

AVIOPARILEIRIT OLI IHANA LÖYTÖ

Vuonna 1989 sain jostain tiedon viikonlopun kestävästä avio-
pariseminaarista Vivamossa, Kansan Raamattuseuran keskuk-
sessa. Siellä heräsi toivo, että apua on saatavissa. Olin innois-
sani; tätä täytyy saada lisää. Tuntui, että nyt löytyi jotain meille
tosi tärkeää. Sieltä löytyi tietoa parisuhdekursseista kesäloman
aikaan. Pekka kiinnostui leiristä, joka pidettiin Lapissa Kairos-
majalla. Matkustimme sinne. Minä pidin leiristä tavattoman
paljon. Aamulla oli opetusta parisuhteesta, sitten lähdimme
viideksi tunniksi vaeltelemaan tuntureilla. Siellä teimme tehtä-
viä ja palattuamme pääsimme saunaan ja uimaan. Koin olevani
melkein kuin taivaassa.

Pyysimme leirin vetäjiltä palaverin omista ongelmistamme.
Teemu sanoi heti: "Minä tiedän, mikä teitä auttaa. Menkää
Mennään eteenpäin viikonloppuun ja Namikan kesäleirille." Voi,
että olin onnellinen ja toiveikas. Apua oli saatavissa! Emme vain
olleet tienneet siitä.

Jo syksyllä 1989 saimme tiedon peruutuspaikasta Mennään
Eteenpäin viikonlopussa Haikon kartanossa Porvoossa. Olimme

sopineet vierailusta kotonani Polvijärvellä. Pekka ei ollut kovin innostunut lähtemään Haikkoon, mutta sanoi, että aina hotelli-viikonloppu anopin luona vierailun voittaa. Siellä oli neljä avio-paria, jotka vuoron perään opettivat pannen itsensä likoon, siis kertoivat avoimesti itsestään ja omista törmäilyistään parisuh-teessaan. Puheen jälkeen jokainen sai itsekseen miettiä vastausta annettuun kysymykseen ja sen jälkeen jakaa sen puolisonsa kanssa.

Käänteen tekevä kysymys kuului: "Miltä minusta tuntuu aja-tella, että rakastat minua ja olet sitoutunut rakastamaan minua koko elämän ajan?" Tein päätöksen vastata tähän ikään kuin tuo olisi ollut totta. Kirjoitin näin:

Rakas!

Tuntuu aivan ihanalta, onnelliselta ja vapauttavalta, tur-valliselta ajatella, että sinä rakastat minua ja olet sitou-tunut rakastamaan minua koko elämän ajan. Tuntuu siltä, että tulipa elämässä eteen mitä koettelemuksia tahansa, yhdessä me kestämme ja tuemme toinen toistamme. Rak-kautesi ajatteleminen synnyttää minussa halun vastarak-kauteen, halun entistä paremmin kuunnella sinua ja tyy-dyttää tarpeitasi. Tunnen syvää hellyyttä. Kaikki kovuus tuntuu sulavan pois. Tuntuu suurenmoiselta kokea olevansa rakastettu ja hyväksytty sellaisena kuin olen. Tuntuu posi-tiivisesti jännittävältä saada kokea yhdessä sinun kanssasi, mitä elämä sitten eteemme tuokaan. Tunnen itseni tärkeäksi ja tarpeelliseksi. Voin hengittää levollisesti. Katselen uskal-luksella ja turvallisena tulevaisuuteen. Jännitän hiukan odottaessani kirjettäsi ja sitä, mitä tunteita minun kirjeeni sinussa herättää. Rakas, rakastan sinua ikuisesti. Luotan rakkauteesi ja sitoutumiseesi.

Lämmöllä Maila

Pekka kirjoitti omassa dialogissaan, että pitkän tunnelin päässä näkyy nyt valoa. Olemmekin siitä lähtien puhuneet avioliitostamme ennen ja jälkeen ME-viikonlopun. Tiedostin viikonlopussa syvän kaipaukseni tulla tuntemaan itseni ja puolisoni sellaisina kuin todella olemme. Olin luottavainen ja toiveikas tulevaisuuden suhteen. Olimme saaneet välineitä suhteemme hoitamiseen ja sitoutuneet tekemään töitä ja antamaan aikaa päivittäin kohdata toinen toisemme läheisesti ja rehellisesti. Uskoin, että tästä lähtien eläisimme keskinäisessä rakkaudessa. Kotimatkalla koin leijailevani puoli metriä maan pinnalta ja eksyimmekin. Löysimme kuitenkin kotiin eikä auvoista arkea kestänyt kovinkaan kauan.

Järjestelin viikonlopun käyneille pareille "sirkkeleitä", muutaman parin ryhmiä vahvistamaan päätöstä hoitaa parisuhdetta. Meidänkin kodissamme alkoi kokoontua viiden avioparin ryhmä. Lapset olivat mukana ja leikkivät keskenään yläkerrassa. Tarjoilut järjestyivät nyyttäri periaatteella. Tämä sama ryhmä kokoontuu edelleenkin, vain yksi pari on eronnut toisistaan ja siten myös ryhmästä. Tässä ryhmässä koin toisen kerran elämässäni olevani hyväksytty sellaisena kuin olin ja se tuntui suurenmoiselta. Mieleeni nousi kaipaus löytää vastaavaa rakkautta seurakunnassa. Myöhemmin se onkin toteutunut.

Seuraavana kesänä menimme ensimmäisen kerran Pieksämäelle Namikan (Helsingin Nuorten Miestien Kristillinen yhdistys) viikon mittaiselle leirille. Joka päivä oli kaksi luentoa ja niiden perään keskustelua ja rukousta pienryhmissä. Olin aivan innoissani, että olimme lopultakin löytäneet apua ongelmiimme. Ajattelin, ettemme todellakaan ilman koulutusta edes tienneet, miten voimme hoitaa suhdettamme. Iltaisin oli opetusta sisäisestä eheytymisestä. Ryhmässä teimme testin feminiinisistä ja maskuliinisista ominaisuuksistamme. Silmämme avautuivat näkemään, että Pekalla olivat feminiiniset ominaisuudet vahvempia ja minulla maskuliiniset. Toisaalta se järkytti, toisaalta vapautti, sillä totuus vapauttaa.

Taustamme huomioon ottaen tuo oli luonnollista. Pekka oli kasvanut äitinsä ja mummonsa kanssa ilman isää. Minun taas olisi pitänyt olla poika isäni mielestä ja yritin poikamaisuudella ansaita hänen hyväksyntänsä. Olimme toisiamme täydentävä pari, vaikkakin roolimme olivat väärin päin. Asetin tavoitteekseni naiseuteni eheytymisen.

Rukoilin Jumalaa vahvistamaan naisellisia piirteitäni. Jossain vaiheessa tajusin, että olin väärällä tavalla taipunut mieheni puoleen. Olin luullut, että naiseuteni eheytyminen kulkee rinta rinnan mieheni eheytymisen kanssa ja on riippuvainen hänen muuttumishalustaan. Oivalsin, että eheydyn suorassa suhteessa Jumalaan ja vain siinä. Läheinen suhde rakastavaan taivaalliseen Isään on kaikkein eniten parantanut rikkinäistä naisen identiteettiäni.

Kävimme Namikan leireillä kaikkiaan 9 vuonna peräkkäin. Kahtena ensimmäisenä vuonna ryhmäläisenä, sen jälkeen olimme ryhmänvetäjiä. Siinä tehtävässä täydensimme toisiamme hyvin. Ensimmäisen ryhmämme vetäjäpari toimi mielestämme hienosti. He johtivat ryhmän istuntoja vuorotellen. Otimme heistä mallia ja toimimme samoin omissa ryhmissämme. Pekka oli leppoisampi ja kevensi tunnelmaa sattuvilla vitseillä. Hänellä on myös hyvä silmä näkemään, mistä kenelläkin kiikastaa. Minä olin jämptimpi ja pidin hyvin huolta asiassa ja aikatauluissa pysymisessä.

Kahtena viimeisenä vuonna pidimme myös luennon seksistä. Kuulimme, että olimme suunnilleen 29. pari, ketä he kysyivät siihen tehtävään. Tuskin olisimme urakkaan ryhtyneet, ellemme olisi silloin kokeneet omassa parisuhteessamme ihmettä. Pekka oli löytänyt kirjan "Miehet ovat Marsista ja naiset Venuksesta" ja luki siitä innoissaan pätkiä minulle. Elimme kaksi vuotta ihanaa rakkauselämää. Se oli unelmani täyttymys. Koin olevani puolisoni rakkauden kohteena ja itse olin täynnä rakkautta häntä kohtaan. Tuo aika oli ihanampaa kuin alun rakastumisen aika. Miten se alkoi ja mihin se päättyi?

Sitä edelsi meidän muuttomme maatilalta kaupunkiin. Olin halunnut muuttaa pois jo aikaisemmin, mutta silloin vasta Pekkakin oli valmis muuttamaan. Pekka oli sinä kesänä kuukauden Mjuikassa Afrikassa miesryhmän kanssa remonttihommissa. Mietimme etukäteen, miten hoidamme suhdettamme silloisissa oloissa noin pitkän eron aikana. Sovimme, että kirjoitamme ahkerasti toisillemme. Pekka oli tavattoman luova ja kekseliäs. Ensimmäisen kortin hän oli laittanut lähtiessään meidän omaan postilaatikkoon. Siinä luki: "Tähän asti on matka mennyt hyvin!!!." Seuraava tuli kirkonkylästä, sitten lentokentältä ja sitä rataa. Kaikkiaan miehet saivat 9 kirjettä ja niistä 8 tuli Pekalle.

Muutimme Olkahisiin ensiksi omakotitaloon. Entinen omistaja halusi myydä vesisänkynsä meille ja jätti sen kokeiltavaksi. Huomasimme, että siinä oli mukava leikitellä. Kävin vielä vuoden töissä kaupungista käsin. Pekka sanoi, että hän haluaisi rakastella aamulla. Minä kuulin sen varmaankin "aamuisin". Ensimmäinen ajatus oli: "Mahdotonta." Minulla oli monta rutiinia, mitä tein aamuisin. Tuntui, ettei siihen yksinkertaisesti mahdu lisää. Toisaalta olin tehnyt päätöksen pyrkiä täyttämään puolisoni tarpeet ja varsinkin ilmaistut tarpeet. Niinpä aloin suunnitella, miten se onnistuisi. Voisin kenties siirtää jonkun rutiinin myöhempään ajankohtaan ja nousta aikaisemmin. Kävin aamuisin uimassa ja päätin sieltä tultuani mennä takaisin sänkyyn Pekan viereen ja niin minulle muodostui uusi rutiini. Rakastelimme joka aamu. Aluksi tein sen vain täyttääkseni Pekan toiveen, mutta aika pian aloin itsekin nauttia noista hetkistä tosi paljon. Hämmästyttävä muutos tapahtui suhteessamme. Elimme todellista auvoista rakkauselämää kaksi vuotta.

Kerroimme tarinamme luennossamme ja sillä leirillä tuli lentäväksi lauseeksi: "Mennääs tekemään kettuset." Mihin se päättyi? Kyllästyin ja ajattelin, ettei sellaisessa ongelmattomassa elämässä tapahtunut kasvua.

Jokunen vuosi sitten, James Jordan, Isän rakkauden apostoli kaikkialle maailmaan, sanoi samoin. Me opimme ja kasvamme kriisien ja vaikeuksien kautta. Itsekin olen kokenut samoin omassa elämässäni.

Jokaisen leirin jälkeen meillä oli ihanampaa keskenämme jonkin aikaa, mutta sitten palasimme entiseen nahisteluumme, valtataisteluun ja syyttelyyn ja puolusteluun. Minun odotukseni leirien jälkeen ovat olleet epärealistiset ja olen pettynyt niihin kerta toisensa jälkeen.

LUKU 9. SUURIMMASTA KRIISISTÄ SUURIMMAT SIUNAUKSET

Olin haaveillut opettajan työstä kotiamme lähinnä olevalta koululta ja lopulta v. 1990 pääsin sinne. Opetin 3–4 luokalla ja pidin työstäni todella paljon. Osallistuin kristillisen kasvatuksen kesäkurssille kesälomalla 1993–1994. Halusin soveltaa oppimiani asioita käytäntöön. Laadin suunnitelman uskontokokeilusta. Sen mukaan en pitäisi erillisiä uskontotunteja lainkaan, vaan kristillisyys ikään kuin läpäisisi kaikki aineet. Koulun johtokunta, vanhemmat ja koululautakunta hyväksyivät suunnitelman. Olin itse innostunut kokeilusta, mutta kuitenkin tuntui, että jokin siinä tökki. En ollenkaan tiennyt, mitä se voisi olla. Kevätlukukauden alussa oli vanhempain kokous ja siellä joku vanhemmista sanoi, että hänen mielestään luokalla on uskontoa liikaa. En heti kertonut asiaa koulun johtajalle. Hän oli saanut tiedon tästä muualta ja huusi minulle. Hätäännyin ja teetin hätäpäissäni kyselyn oppilaille heidän suhtautumisestaan uskontoon. Kaksi oppilasta oli kielteistä ja muut myönteisiä. Kutsuin kokoon vanhemmat ja pyysin miestäni puheenjohtajaksi. Kerroin vanhemmille kyselystä. He painostivat minua kertomaan kielteisten nimet ja minä kerroin. Juttelin molempien lasten vanhempien kanssa ja toisen kanssa pääsimme yhteisymmärrykseen ja tämän lapsen koulun käynti alkoi sujua aivan eri malliin kuin aikaisemmin. Toisen kanssa emme päässeet sovintoon.

Näen selvästi, missä toimin epäviisaasti. Olisi pitänyt heti kertoa koulun johtajalle vanhempain kokouksen tapahtumista. Kielteisten oppilaiden nimiä ei olisi pitänyt sanoa. Mieheni ei olisi saanut olla kokouksessa puheenjohtajana.

Otettiin käytäntöön tavalliset uskontotunnit, mutta juttu ei päättynyt siihen. Minulla oli ahdistava olo koko kevään ja kesällä posti toi minulle toistakymmentä sivua käsittävän valituskirjelmän toimistani opettajana. Suunnilleen puolet luokan oppilaiden vanhemmista oli allekirjoittanut sen. Se hämmästytti minua, koska minulla oli ollut hyvät suhteet useimpiin oppilaisiin ja heidän vanhempiinsa. Lähdin käymään kodeissa juttelemassa, jotta asiat selviäisivät. Sekin kiellettiin minulta.

Tajusin, etten kerta kaikkiaan saa jatkaa entisessä työpaikassani ja niin menin lääkäriin ja itkien kerroin tilanteen. Hän sanoi, että hän voi antaa sairaslomaa vain kahdeksi kuukaudeksi. Silloin koulutoimenjohtaja otti yhteyttä ja sanoi varanneensa minulle ajan työterveyslääkärille. Selvisi, että saan potkut koulustani ja minut halutaan kokonaan eläkkeelle, koska olin kuulemma vaarallinen koko koululaitokselle. Minulla ei ollut mitään edellytyksiä päästä sairaseläkkeelle, koska ainoa terveyshaitta oli ollut kuluma ristiselässä, mikä oli kuvattukin. Voisin hakea yksilölliselle varhaiseläkkeelle, jos halusin. Ajattelin, että mikäpä siinä, jos kerran voin päästä. Sain sairaslomaa koko lukuvuodeksi jo heti syksyllä. Kävin psykiatrilla ja psykologilla ja kirjoitin itse anomuksen eläkkeelle hakeutumisesta käyttäen valituskirjelmää todistuksena siitä, että olen kyvytön olemaan opettaja. Kevätlukukauden alussa Kelasta tuli vastaus, ettei ole osoitettu, että olen pysyvästi työkyvytön. Olin samaa mieltä, sillä siinä vaiheessa olin hyvin toipunut kriisin aiheuttamasta ahdistuksesta.

Halusin pitää sydämeni puhtaana katkeruudesta ja annoin hyvin aktiivisesti anteeksi syyttäjilleni ja tein välittömästi parannusta, jos tunnistin sydämessäni katkeruutta tai vihaa. Kieltäydyin kuuntelemasta juttuja, mitä minusta kylillä kerrottiin. Keskityin hoitamaan itseäni. Sain silloin kipinän avantouintiin ja jäin siihen koukkuun varmaan loppuiäkseni. Tein pitkiä kävelylenkkejä pitkin metsiä ja peltoja.

Työterveyslääkäri oli lähettänyt minut fysioterapeutin vastaanotolle selkäkivun vuoksi. Hän testasi kuntoni. Tulos oli kaikessa karuudessaan: ylipainoinen, lihakset heikot ja jäykät. Hän määräsi minulle venyttelyjä ja lihaskuntoliikkeitä ja kehotti tekemään niitä joka päivä. Tein niin ja muutaman kuukauden kuluttua menin uudestaan vastaanotolle ja sain uusia liikkeitä. Minulla oli uskomus, että kun ihminen vanhenee, hän väistämättä heikkenee ja jäykistyy. Uskomus osoittautui vääräksi. Noin puolen vuoden kuluttua aloin huomata, että olenkin ketterämpi, notkeampi ja voimakkaampi. Se innosti jatkamaan liikuntaa. Olen siitä lähtien harrastanut erittäin monipuolisesti kaikenlaista liikuntaa suunnilleen tunnin päivittäin ja vuosien ajan kuntoni on parantunut. Tällä hetkellä olen paremmassa kunnossa kuin silloin 57-vuotiaana.

Tuo oli yksi siunauksista, joita kriisistä seurasi ja olen siitä tavattoman kiitollinen. Olen monta kertaa miettinyt, että jos olisin saanut valita, olisinko ottanut tämän kriisin seurauksineen ja vastaus on "kyllä". Toinen hyvä asia oli avun vastaanottamisen kynnyksen romahtaminen. Kun menin lääkäriin, kynnys romahti kerralla pohjaan saakka. Sen jälkeen olen pyytänyt apua aina kun olen tarvinnut. Useimmiten se on ollut esirukouksen vastaanottamista tai keskusteluapua. Laatiessani vastineen valituskirjelmään kohta kohdalta opin ensimmäistä kertaa käyttämään tietokoneen tietojen käsittelyohjelmaa.

En siis päässyt eläkkeelle eikä entiseen työpaikkaan ollut menemistä. Minulle laadittiin "suojatyöpaikka". Kiersin aluksi eri kouluilla antamassa yksilöllistä ohjausta sitä tarvitseville. Kriisin jälkeen ensiksi jännitti, mutta pian totuin ja huomasin, että työ olikin minulle terapeuttista. Tulin toimeen eri kouluilla sekä opettajien että oppilaiden kanssa. Sitten kuntaamme saapuivat ensimmäiset pakolaiset Irakista ja pääsin opettamaan heidän lapsilleen suomea. Se oli minusta kiinnostavaa ja pidin työstäni todella paljon. Siitä työstä jäin eläkkeelle 60-vuotiaana syyskuun lopussa 1997.

LUKU 10. TOTEUTUVIA UNELMIA

MENNÄÄN ETEENPÄIN PUHUJAPARIKSI

Ollessamme omassa ME-viikonlopussamme minulla syntyi halu päästä puhumaan viikonloppuun. Siihen aikaan kuuluimme helluntaiseurakuntaan ja se saattoi olla este sille, ettei meitä pyydetty siihen tehtävään. Sen sijaan olimme isäntäparina Waltikan viikonlopuissa. Pekkahan sen paikan löysikin. Waltikassa järjestettiin puhujaparikoulutusta. Meidän sirkkeli huolehti tuon viikonlopun juhla-ateriasta. Minä olin kateellinen niille pareille, jotka tuossa koulutuksessa olivat. Toimimme aktiivisesti ME-yhteisössä ja osallistuimme kaikkiin tilaisuuksiin. Lopulta noin 10 vuoden kuluttua meitä pyydettiin puhujapariksi. Puheiden kirjoittaminen oli tarkkaa ja täsmällistä touhua. Viikonlopussa parit puhuvat vuorotellen aina kaksi paria kerrallaan. Aikataulussa pysyminen on tärkeää, koska viikonlopun kulku on tarkasti suunniteltu etukäteen. Meitä ohjaava pari hyväksyi ensimmäisen kirjoittamamme version, mutta seuraavaksi puheemme lukenut pari teki niihin runsaasti muutoksia. Pekka olisi siinä vaiheessa lyönyt hanskat naulaan, mutta minulla oli suuri motivaatio päästä opettamaan viikonloppuun, joten korjasin kiltisti kaikki.

Jokainen viikonloppu oli iso elämys ja nautinto. Puhujatiimi oli erilainen jokaisella kerralla, mutta tehtäväjako oli selkeä ja tavoite yhteinen. Toimimme sydämestämme osallistuvien parien parhaaksi. Nautin suuresti saadessani olla mukana. Meidän puheistamme useimmat muistivat Pekan sanoman lauseen: "Minä saan kotona poikittaista mailaa." Itselleni kaikkein tärkein asia oli lauantai-illan kysymykseen vastaaminen. Siinä piti miettiä tunnetta, mitä ei ollut aikaisemmin ilmaissut puolisolle ja kertoa se. Joka kerta sukelsin omiin sisuksiin rukoillen Pyhää Henkeä kumppaniksi ja toin sieltä ennen tunnistamattoman tunteen. Tällaisia olivat esimerkiksi, hylätyksi tuleminen, itseinho ja itseviha. Olen kiitollinen, että saimme olla mukana monta kertaa ja jäimme pois yhteisestä päätöksestä Pekan saatua aivoinfarktin.

SIELUNHOITOTERAPIAKOULUTUS TIE MUITTEN AUTTAMISEEN

Vuonna 1986 minulla oli ollut unelma opiskella kristilliseltä pohjalta sielunhoitajaksi ja silloin olin haudannut itkien unelmani. Vuonna 1999 huomasin ilmoituksen RE-sielunhoitoterapeutin koulutuksen alkamisesta Kiponniemessä. Tiesin heti, että tuonne haluan. Pääsin pääsykokeeseen. Sen jälkeen jännitin hyväksytyksi tulemista ja pelkäsin mokanneeni mahdollisuuteni liiallisella aktiivisuudellani. Kävin jopa esirukoiltavana asian puolesta. Sanoma, minkä sain, lohdutti ja rauhoitti: "Jumala katsoo sydämeen."

Minun mielestäni kahden vuoden koulutus oli yhtä juhlaa. Iloitsin kaikesta, ystävyydestä, opetuksesta, pienryhmätyöskentelystä ja elämänkaaren laatimisesta. Valmistuttuani sain osallistua monta kertaa elämänkaariryhmään ryhmänjohtajana. Eräässä ryhmässä muuan ryhmän jäsen ehdotti ensivaikutelman kertomista muista ryhmäläisistä.

Nyt vasta tajuan, että hänhän siinä kaappasi minulta johtajuuden.

Kerroin yhdelle ryhmäläiselle rehellisen ensivaikutelman hänestä ja hän meni valittamaan siitä kurssimme opettajalle. Jouduin puhutteluun. Minulle väännettiin rautalangasta, mikä meni vikaan. Minun oli tosi vaikea tajuta, ettei totuutta saa kertoa ilman rakkautta. Minusta tuntui, ettei minulla ollut ollut muuta mahdollisuutta kuin kertoa, mikä oli todella ollut ensivaikutelma hänestä. Lopulta tajusin ja myönsin mokanneeni. Onneksi saimme asianosaisen kanssa sovittua asian niin, ettei kummallekaan jäänyt mitään hampaankoloon, vaan koin välillämme lämpöä ja toinen toisemme hyväksyntää. Ymmärsin myös, että olisin voinut sanoa hänestä monta muuta asiaa, mitkä olisivat olleet hänelle rohkaisevia.

EHEYTYMISRYHMIÄ

Sain aloittaa omassa seurakunnassa Eheytymisryhmän ja sielun-
hoitoterapian. Ensimmäisen ryhmän aloittamista jännitin paljon.
Kaksi ihmistä oli etukäteen ilmoittanut, etteivät pääse ensim-
mäisellä kerralla. Paikalle tuli kaksi ihmistä, nuori kaunis romaani
nainen ja laitapuolen kulkijan näköinen mies. Kerroin heille
oman elämäni tarinan ja kysyin, haluavatko he tulla mukaan
ryhmään. He halusivat. Muut jäsenet olivat jo pitkään seurakun-
nassa mukana ollut nainen ja vasta uskoon tullut nuori nainen.
Opiskelimme Seppo Jokisen kirjaa: "Rikotusta eheä". Kirjoitin
jokaisesta luvusta lyhennelmän ja monistin ryhmäläisille. Minulle
oli ihme, miten näin erilaiset ihmiset saattoivat yhdessä kokea
niin suurta yhteenkuuluvuutta, avoimuutta ja vapautta.

Pidin monen vuoden ajan eheytymisryhmiä. Useimmiten löy-
sin jonkun kaverikseni ohjaamaan ryhmää. Opiskeltiin eri kirjoja.
Joskus oli kolmekin ohjaajaa. Rukoiltiin aina lopuksi pienemmissä
ryhmissä. Yksi ryhmä sai alkunsa mielenkiintoisella tavalla. Vas-
taanotolleni tuli nuori nainen, joka kertoi pettymyksistään avio-
liitossaan. Olin itse juuri lukenut kirjan: "Heikko, vahva vaimo."
Kirjassa opetettiin vaimoja kunnioittamaan omaa miestään ja
lopettamaan hänen kontrolloimisensa. Sen sijaan heidän tulisi
oppia pitämään itsestään hyvää huolta. Annoin hänelle lainaksi
tuon kirjan. Kun hän tuli seuraavalla kerralla, hän oli aivan yhtä
haltioissaan kirjan sanomasta kuin itse olin ollut. Hän sanoi, että
kirjassa kerrottiin hänestä. Silloin kysyin häneltä, tuleeko hän
kaveriksi, niin perustetaan ryhmä naisille, joiden miehet eivät
lähde millekään avioparileirille. Kirjan avulla naiset voivat oppia
muuttamaan omaa käytöstään, jolloin on mahdollista, että hei-
dän parisuhteensakin muuttuu. Hän vastasi: "Kyllä." Kahtena
vuonna pidimme yhdessä ryhmää parisuhteessa eläville naisille.
Ryhmien jälkeen kokoonnuimme vielä yhdessä jakamaan koke-
muksiamme ja rukoilemaan toistemme puolesta.

Eräässä ryhmässä oli pariskunta, joita oli syytetty väärin perus-
tein omassa seurakunnassaan isoista rikkomuksista. He olivat
joutuneet eroamaan tai heidät oli erotettu – en muista miten se
meni. Katseltuaan ryhmää muutamia kertoja he rohkenivat ker-

toa tilanteestaan ryhmälle. Minua auttoi elävä kokemus omasta kriisistäni ja koin varmuudella, että heidänkin kriisinsä kääntyy siunaukseksi. He saivat ryhmässä kaikkien tuen ja ymmärryksen. Ymmärrykseni mukaan vaikeuksiin sisältyy siunaus, kun vain vaalitaan sydämen puhtautta kaikesta katkeruudesta ja syyttämisestä. Tuo kriisi avasi heille uusia ihania mahdollisuuksia ja he löysivät uuden hengellisen kodin toisesta seurakunnasta. Harvakseltaan olemme tavanneet ja silloin tällöin saan kuulla, miten tuo ryhmä oli heille käänteentekevä. Ajattelen, että merkityksellistä oli se, että he rohkenivat avautua ryhmässä ongelmastaan.

SIELUNHOITOTERAPEUTTINA

Olin onnellinen siitä, että sain luvan ottaa asiakkaita vastaan seurakunnan tiloissa ilmaiseksi ja seurakunnan tiedotteessa siitä ilmoitettiin. Monen vuoden aikana minulla oli paljon asiakkaita erilaisine ongelmineen. Minulla on lahja unohtaa ihmiset ja heidän asiansa, eivätkä heidän kertomansa asiat jää pyörimään mieleeni. Yllätyn, kun joku tulee joskus kertomaan, että heille oli merkityksellistä käydä vastaanotollani. Muutamia ihmeitä sain kokea. Kerran tuli mies, jonka ongelmana oli peliriippuvuus. Hän kertoi tuntevansa syyllisyyttä pelaamisen jälkeen. Ehdotin rippiä. Hän suostui, julistin hänelle synninpäästön ja hän vapautui riippuvuudestaan. Hän tuli myöhemmin jonkin muun asian vuoksi ison kukkapuskan kanssa. Näin häntä aika usein seurakunnan tilaisuuksissa ja hän kiitti vapaudestaan ja kertoi auttavansa muita peliriippuvaisia. Toinen erityisesti mieleeni jäänyt oli nainen, joka kertoi pitkän rimpsun kielteisiä arvioita itsestään. Joko hän tai minä kirjoitti ne ylös. Katselin listaa ja sanoin: "Nämä ovat valheita kaikki. Totuus on se, että Jumala näkee sinut arvokkaana, viehättävänä ja rakastettavana. Hän hyväksyy sinut juuri sellaisena kuin olet." Hän uskoi sen ja saattoi hylätä valheet. Näin hänet vähän ajan kuluttua jossain tilaisuudessa säteilevänä ja kauniina.

LAPSENLAPSET

Samoin kuin olin unelmoinut omista lapsista ja isosta perheestä, ennätin unelmoida monta vuotta lapsenlapsista. Ensimmäinen, Tiinan esikoinen, Katariina, syntyi 5.4.1992 ja tuntui aivan ihmeelliseltä. Hän itkeskeli alkuun nälkäänsä, kun ei ihan heti huomattu, että jänne kielen alla oli liian kireä. Onneksi vika kuitenkin löytyi melko pian ja saatiin korjatuksi. Samana vuonna Tommi ilmoitti, että ensimmäinen lapsi on hänellekin tulossa ja samalla tuli valmiina Tommin kumppanin Erjan 4-vuotias Marika. Marika olikin ensimmäinen, jota sain hoitaa muutamina vuosina hänen vanhempiensa lomilla. Kummityttömme Maija oli muutaman vuoden Marikaa vanhempi ja Marika ja Maija tulivat lomalle yhtä aikaa. Talvilomalla halusin mennä hiihtoretkelle tyttöjen kanssa, vaikka oli sangen lauhaa. Silloin opin, että retkelle meno on hauskaa. Kun on mukana eväät, niin on kysymys retkestä, vaikka mentäisiin miten lähelle. Pekka oli rakentanut meidän tontille kodan, jossa oli laverit reunoilla ja keskellä tulisija. Maija ja Marika alkoivat tinkiä, että yöpyisimme kodassa. Tokihan suostuin. Se oli jännittävää. Minä kohentelin sekä tulta nuotiossa että tyttöjen peitteitä ja palelin ja valvoin. Mutta tytöt tykkäsivät ja halusivat heti seuraavana yönä uudelleen ulos nukkumaan. Tytöt tulivat lomalle myös uuteen kotiimme Olkahisessa. Sielläkin he halusivat ulos nukkumaan, mutta sillä kertaa he tyytyivät siihen, että laitettiin teltta yläkerran parvekkeelle.

Tommin tyttö Miira syntyi 15.12.1992. Miiraa sain pitää kaikkein eniten loma-aikoina, koska hänen vanhemmillaan oli vähemmän lomia ja ne olivat eri aikaan kuin koulujen lomat. Lastenlasten kanssa olemiseen minulle muodostui joitakin tapoja. Luin aina iltasatuja, tehtiin retkiä, kiipeiltiin vuorille ja seikkailtiin metsissä. Leikkipuistoissa matkin lapsia ja niin sain itsekin vaihtelevaa liikuntaa.

Menimme uimahalliin kun Miira ei vielä osannut uida. Hänen kaverinsa Sanna oli mukana. Sanna oli ollut vauvauinnissa, eikä osannut uida, mutta hän sukelteli yhtä mittaa. Olin silläkin mukana lasten altaassa ja aloin matkia Sannaa. Huomasin, miten tavattoman mukavaa sukeltelu on. Siitä lähtien olen sukellellut aina uima-altaassa uidessani ja nautin, nautin.

Ihanin muisto Miiran kanssa vietetyistä lomista on keppihevosleiri, joka pidettiin meidän mökillä. Miira oli silloin 14 v. ja hänen kaverinsa Venla pari vuotta nuorempi. Leirillä oli yhteensä 6 tyttöä ja hevosia 14. Tommi ja Pekka rakensivat hevosille pilttuut. Kaikilla hepoilla oli nimet ja sukuluettelot. Kullakin oli oma luonteensa ja oikkunsa. Tytöt veivät hevoset laitumelle ja kouluttivat niitä. Neuvoin heille metsään kilometrin pituisen lenkin. Minä huolehdin leiriläisten ruokailuista. Leiri kesti 4 päivää ja viimeisenä päivänä oli isot kisat.

Katariinan pikku veli Juuso ilmoitti syntymisestään Juhannusaattona 25.6.1994. Juha soitti meille puolen yön aikoihin, että päästäänkö heti lähtemään heille Turkuun. Onneksi pääsimme ja niin ajoimme kovaa vauhtia tyhjiä teitä pitkin ja perille tultuamme Juha ampaisi matkaan ja ennätti vielä mukaan synnytykseen. Katariina nukkui rauhallisesti ja aamulla hänellä oli velipoika. Hiihtolomalla Tiina pyysi, että saisiko Katariina olla meillä muutamia päiviä. Lohdutin Katariinaa, kun hänellä oli välillä kova koti-ikävä.

Keväällä koko perhe oli käymässä meillä. Olin valmistamassa lääkkeeksi kuusenkerkkä-viina uutetta. Olin kerännyt kuusenkerkät ja sitten ajattelin: "Pikkuinen Katariina on näppäräsorminen ja rauhallinen lapsi. Hän saattaa pitää kuusenkerkkien pujottelemisesta pulloon. Niinpä hän teki tuon sorminäppäryyttä ja kärsivällisyyttä kysyvän työn. Juuso ja Katriinakin olivat joskus kesälomalla viettämässä aikaa meidän kanssamme. Katariina ja Miira viihtyivät hyvin yhteisissä leikeissä ja minä iloitsin siitä, että serkukset saivat olla yhdessä.

Tiina ja Juha juhlivat 20-vuotista yhdessä oloaan tekemällä viikon matkan Italiaan. Olin silloin heillä hoitamassa sekä lapsia että koiraa. Lapset olivat koulussa päivät. Laitoin aamiaiset ja päivälliset ja ulkoilutin koiraa. Lauantaina siivottiin yhdessä koti ja tehtiin pitkä retki luonnossa. Olin tyytyväinen, kun sain olla siellä ja kaikki meni hyvin.

Hannan lapset Nina ja Miia syntyivät kahden vuoden välein, Nina 19.11.1994 ja Miia 6.10.1996. Lasten ollessa pieniä koko perhe vietti Amerikassa Dallasin lähellä kolme vuotta. Kävimme Pekan kanssa vierailulla heidän luonaan.

Kerran lähdin viemään kävellen lapsia lähellä olevaan isoon leikkipuistoon. Aikamme taaperrettuamme tajusin, että olimme lähteneet risteyksessä väärään suuntaan. Soitin Petrille ja hän sanoi tulevansa autolla ja heittävänsä meidät puistoon. Miia ihmetteli, miten iskä voi heittää meidät.

Amerikan matkalta minulla on muistona hieno kuva minusta. Hanna oli varannut itselleen ja minulle ajan valokuvaamoon. Ystävän päivän kunniaksi kaksi henkilöä pääsi yhden hinnalla. En ollut innostunut lähtemään mukaan semmoiseen "hömpötykseen", mutta Hannan mieliksi lähdin mukaan. He tekivät siellä asiakkaille meikit ja hienot kampaukset ja valittavana oli jos jonkin moista rekvisiittaa. He ottivat 10 kuvaa eri asennoilla ja ilmeillä ja eri asusteissa. Niistä sai valita mieluisimman, mistä tehtiin hieno iso kuva. Pekkahan siitä innostui. Hän teetti paitaansa kuvan minusta ja valmistutti isomman kopion tauluksi seinälle. Loppujen lopuksi se oli minustakin mukavaa. Hannalla on ollut lomat yhtä aikaa tyttöjensä kanssa ja niin ollen heillä on ollut hoidon tarvetta vähemmän.

Timon ja Tainan häitä vietimme ensimmäisenä, mutta lapsia heidän perheeseensä saimme odottaa aina vuoteen 1997. Iida syntyi 22.2. Lohjalla ja hänen ristiäisiään vietimme Vivamon Aurinkosalissa. Melkein kolme vuotta myöhemmin 21.12.1999 syntyi Ilmari Tampereella Koulukadun kodissa. Saimme olla Iidan kanssa sillä aikaa, kun vauveli syntyi.

Iida oli päiväkodissa ja Ilmari oli tullut kipeäksi. Olin juuri viettänyt mökillä kauhun hetkiä ja olin sydän juuria myöten järkyttynyt, kun tuli pyyntö: "Tuletko hoitamaan Ilmaria?" Lähdin ja tulin hoidetuksi ja lohdutetuksi. Se tuntuu itsestänikin erikoiselta hoidolta, mutta Jumalan tiet ovat ihmeelliset. Ilmari nukkui suurin piirtein koko ajan ja minä luin Aku Ankkoja ja nautin.

Kerran Iida ja Ilmari olivat meidän luonamme Olkahisessa ja lähdimme jäälle hiihtämään. Iida ja minä hiihdimme ja Ilmari juoksi lumihangessa. Hän oli niin pieni vielä, ettei hänellä ollut suksia. Ihmettelin, kun pikku mies vain juoksi juoksemistaan lumihangessa, eikä näyttänyt väsyvän lainkaan. Pojan liikunnallinen lahjakkuus näkyi siis jo sangen pienenä. Hän on saanut pelata jalkapalloa, jääkiekkoa ja sählyä joukkueissa.

Lapset, Iida, Ilmari, Nina ja Miia olivat kouluikäisiä, kun lähdimme metsäretkelle. Yhdessä risteyksessä kysyin lapsilta, mennäänkö lyhempää vai pitempää polkua. He vastasivat, että pitempää. Polku meni isoa sähkölinjaa pitkin ja oli hyvin haasteellinen. Alkoi tulla jo hämärä ja lapsia pelotti, että olemme eksyksissä. Olin kulkenut polkua pitkin ennenkin, joten tiesin, ettei me olla eksyksissä. Retkestä tuli pitempi ja rasittavampi kuin oli ollut tarkoitus, mutta selvisimme onnellisesti takaisin.

Tommi oli Ammattikurssikeskuksessa opettajana ja Miia opiskeli samassa paikassa, tosin eri linjalla. He alkoivat tapailla ja rakastuivat. Tommi kysäisi joskus käydessään, joko meidän lastenlasten lukumäärä on täynnä. Eihän se tietenkään ollut ja Tatu syntyi 16.2.2006. Miialla oli Otto-niminen 4-vuotias poika hänen avioliitostaan Oton isän kanssa. Tämä mies oli jättänyt pöydälle lapun, jossa ilmoitti palaavansa entisen tyttöystävänsä luo samoihin aikoihin, kun Otto sai alkunsa. Otto oli kiltti ja mukava poika, mutta hyvin arka ja pelokas.

Erityinen ilo minulle on ollut opettaa Otto uimaan ja sukeltamaan. Kun aloitimme vuosia kestäneen projektin, Otto ei uskaltanut kastautua vyötäröä syvemmälle. Alku oli mielenkiintoinen. Otto oli meillä mökillä ja aloitimme uimakoulun. Sää oli kolea ja vesi kylmää. Tiesin, että jos lapsi kokeilee varpaallaan, onko vesi kylmää, sisu menee kaulaan ja siitä eteneminen olisi vaikeaa. Neuvoin Ottoa juoksemaan suoraan vyötärön syvyiseen veteen. Se onnistui. Sitten kehotin häntä kastautumaan kaulaan asti. Silloin hän alkoi marista: "En uskalla." Minä sanoin: "Älä sano, en uskalla, vaan sano, minä olen rohkea." Otto todellakin sanoi sen kovalla äänellä ja samassa meni kyykkyyn niin alas, että pääkin kastui kokonaan. Hän teki sen yhtä kyytiä ainakin kolme kertaa ja sitten hihkui: "Tämä on mukavaa." Seuraavana päivänä sää oli vielä koleampi ja lisäksi satoi. Oton perhe oli meillä saunomassa. Katselin ikkunasta, kun Otto näytti muille ne temput, mitä hän oli edellisenä päivänä oppinut. Meillä oli kotona kylpyamme ja siinä opetin Oton sukeltelemaan lämpimässä vedessä. Itsekseen hän alkoi myös laskea pyllymäkeä altaan reunalta. Samana talvena kävimme ystäväni Annen ja hänen poikansa Matiaksen kanssa risteilyllä. Siellä oli uima-allas ja Otto uskalsi hypätä reunalta kellukkeiden kanssa. Seuraavana kesänä saimme harjoitella Olkahisen uimarannalla lämpimässä vedessä ja kauniissa säässä. Kävimme uimassa kolme kertaa päivässä. Otto harjoitteli innolla, kun sai palkkioksi leikkirahoja tai tarroja. Leikkirahat olivat siitä käteviä, että niitten kanssa saattoi huomaamatta harjoitella myös matematiikkaa. Otto juoksi laituria pitkin, hyppäsi veteen ja liukui tai ui rantaan. Näin tapahtui kerta toisensa jälkeen.

Talvella harjoittelimme uimahallissa. Otto oli innostunut suorittamaan erilaisia uimamerkkejä ja niin taidot paranivat. Iso askel hyvään uimataitoon tapahtui kesällä mökkirannassa. Siellä voi hypätä laiturilta syvään veteen. Naapurin tyttö sattui olemaan katselemassa ja se auttoi Ottoa jättämääni kellukkeet ja hyppäämään. Siinä lähti viimeinen pelko hukkumisesta ja uimisesta syvässä vedessä. Sen jälkeen Otto on nauttinut uimisesta ja sukeltamisesta ja hyppäämisestä. Hän suoritti matkamerkkejä ja taitomerkin. Hän uskaltaa hypätä viidestä metristä jalat edellä ja metristä pää edellä. Hän osaa melko hyvin selkäkroolia ja rintauintia ja sukeltaa pitkälle. Hänellä on erikoinen kyky istua tai maata altaan pohjalla.

Tatulle olen opettanut selkäuinnin alkeet ja rohkaissut hänet hyppäämään syvään veteen ilman kellukkeita. Tämä viimeksi mainittu taito vei häneltä mennessään veden pelon ja hänkin oppi nauttimaan hyppimisestä, sukeltelusta ja jaksoi uida yhtäjaksoisesti 100 metrin matkan.

LUKU 11. HARRASTUKSIA

Aina silloin tällöin oli mielessäni käynyt kysymys, kuka ja millainen oikein pohjimmiltani olen. Se kysymys mielessäni menin Työväenopiston "Luovuuden tie" kurssille. Kurssin tarkoituksena oli löytää oma sisäinen lapsi ja myös ne lahjat, mitä oli synnyinlahjana Luojalta saanut. Menetelmiin kuului kirjoittaa ns. tajunnan virtaa 20 minuuttia joka päivä. Se oli helppoa ja hoitavaa. Toinen tehtävä oli viettää joka viikko kaksi tuntia laatuaikaa sisäisen lapsensa kanssa. Saatoin mennä vaikkapa lasten elokuviin keskellä päivää tai hortoilla kaupungilla ilman asiaa tai päämäärää. Piipahdin sisään avoimista ovista vain tutkimaan, mitä oven takana oli. Saatoin ostella, mitä mieli teki. Kerran lähdin metsään hiihtämään umpihankeen. Jossain vaiheessa pelkäsin olevani eksyksissä, mutta tulin kuitenkin viimein tuttuihin maisemiin.

Kurssilla piti miettiä, mistä oli pitänyt lapsena. Tajusin, miten kiihkeästi halusin esiintyä näytelmissä tai runoja lausumassa. Vaikka jännitin hirveästi ja se näkyi punaisuutena ja ylenpalttisena hikoilemisena kasvoilla, silti käytin jokaisen tilaisuuden päästä esille. Jokainen meidän perheen jäsen oli tavattoman kätevä käsistään. Minä ompelin kouluikäisenä itselleni vanhoista vaatteista erikoisia hameita ja myöhemmin vaatteita myös miehelleni ja lapsilleni.

Pidin lapsena liikkumisesta, mutta vasta iän myötä olen tajunnut, että minulla on jäsenissäni kyky tanssia ja olen nopea ja ketterä liikkeissäni. Piirtämisessäkin olin aika hyvä. Piirtelin näköisiä sivukuvia läheisistäni. Seuraava kysymys oli: "Minkä sanoman haluan lahjoillani viestittää." Minulle oli selvää, että haluan kertoa sanomaa Jumalan armosta ja rakkaudesta ja pelastuksesta.

RAAMATTUKYLÄ

Juuri kun Luovuuden tie kurssi oli päättymässä silmiini osui ilmoitus, jossa etsittiin roolivaatteiden ja lavasteiden tekijöitä alkavaan Raamattukylään. Tiesin heti, että sinne haluan. Pakkasin sekä saumurini että ompelukoneeni kyytiin ja matkustin Lohjalle Vivamoon. Meitä oli muutamia naisia, jotka aloimme ommella suurella innolla roolivaatteita, mutta taitoa ei meistä kenelläkään ollut tarpeeksi. Samaan aikaan alettiin suunnitella myös ensimmäisen kesän ohjelmaa. Ennen kaikkea halusin mukaan näyttelemään. Alku oli pientä ja vaatimatonta. Avajaispäivän aattona tehtiin vielä viimeisiä valmisteluja, mutta siitä se alkoi.

Olin mukana 10 vuoden ajan jokaisena jouluna, pääsiäisenä ja kesällä jonkin ajan. Toisena kesänä emme olleet, enkä enää muista syytä siihen. Jouluna olen näytellyt Elisabetia tai kiukkuista mökin akkaa. Olinpa yhtenä jouluna tanssiva enkelikin. Pääsiäisenä olen useimmin ollut Maria, Jeesuksen äiti, joskus myös toinen Maria. Kesän rooleista minulle on ollut mieluisin samarialainen nainen näytelmässä Tien kulkijat. Nainen haastaa Simon noidan aika ärsyttävästi, mutta on hyvin kiinnostunut evankeliumista, jota kylässä Filippus saarnaa ja tuleekin uskoon. Rooli, mikä ei minua miellyttänyt, oli kuningas Salomo näytelmässä nainen, joka oli juuri synnyttänyt vauvan. Oli tosi vaikea asennoitua siihen, että olin yli 70 v. ja juuri synnyttänyt. Sama tilanne Elisabetin kohdalla tuntui ihan luontevalta, kun Raamatussa kerrotaan, että Elisabet tuli raskaaksi vanhoilla päivillään.

Kaiken kaikkiaan olen tavattoman kiitollinen siitä, että olen saanut olla mukana Raamattukylässä. On ollut hienoa nähdä valtava kehitys, mikä on tapahtunut joka tasolla, sekä puvuissa, lavasteissa että näyttelemisessä. Raamatun kertomukset koskettavat ihmisiä. Sana tulee kirjaimellisesti eläväksi. Tietenkin myös yhteisönä Raamattukylä on vertaansa vailla. Se, että meitä on kaiken ikäisiä yhdessä tekemässä, on hienoa. Raamattukylä on täynnä erittäin luovia, lahjakkaita persoonia. Uskon, että Jumala on meille antanut tämän lahjan ja johdattaa sitä tahtonsa tietä.

MONOLOGEJA RAAMATUN HENKILÖISTÄ

Alkuvuosina tapasin Vivamossa Irja Mäkisen, naisen, joka kertoi saavansa Jumalalta tekstejä Raamatun henkilöistä ja esitti niitä. Juttelin hänen kanssaan ja kerroin hänelle, että minuakin kiinnostaisi tehdä samaa. Hän sanoi oitis, että hän voi lähettää minulle tekstejä ja niin hän tekikin. Opettelin ulkoa tekstin, joka kertoi naisesta, jonka fariseukset tapasivat itse teosta ja raahasivat Jeesuksen eteen tuomittavaksi. Kun opettelin sitä, minulla ei ollut aavistustakaan, missä sitä esittäisin. Kuitenkin valmistauduin esittämään sen, sillä ompelin esiintymisasun. Menimme Pekan kanssa Ruokolahdelle avioparileirille ja siellä oli illanvietto. Sanoin, että minä voin esittää monologin illassa. En ollut eläissäni saanut niin paljon positiivista palautetta kuin sain illan jälkeen. Sanoma oli ilmiselvästi koskettanut. Se rohkaisi minua jatkamaan.

Esitin sitä samaa monologia useita kertoja, mm. avioparikurssin päätösmessussa saarnan paikalla, yhden ystävän syntymäjuhlassa yllätyksenä, Vivamon kursseilla ja MENNÄÄN ETEENPÄIN viikonlopun päätösjuhlassa. Raamattukylässä tein muutamia monologeja niistä rooleista, mitä esitin. huomasin ihmeekseni, että pystyn esittämään monologin kirjoittamatta mitään etukäteen.

Olemme nyt asuneet toista vuotta Vaskikodissa, ikäihmisten yhteisössä. Täälläkin olen saanut esittää kaksi monologia, pääsiäisenä Mariasta Jeesuksen äidistä ja jouluna Elisabetista. On ollut kiinnostavaa valmistaa niitä ohjaaja Ismo Nokelaisen kanssa. Jälkimmäiseen kirjoitin koko tekstin. Ensimmäinen versio näytti itsestäni hienolta, mutta Ismo sanoi, että kyllähän se raakaversiosta käy. Muokattuani sitä Ismon ohjeiden mukaan siitä tuli hyvä.

TRAGER-HOITO

Luin paikallislehdestä kiinnostavan artikkelin Trager-hoidosta. Innostuin jutusta niin paljon, että lähdin viikon kestävälle kurssille Helsinkiin. Opiskelu oli mielestäni järkevää ja käytännöllistä. Kyseessä on käsillä tehtävä asiakkaan kokonaisvaltaiseen rentoutumiseen ja hyvään oloon tähtäävä kosketushoito. Terapeutti keinuttaa, venyttää, ravisuttaa, koskettaa ja sivelee hellävaraisesti asiakasta.

Kouluttaja näytti yhden liikkeen kerrallaan ja heti perään opiskelijat harjoittelivat tekemään saman jutun toisilleen. Tavoitteena oli myös pitää hyvää huolta siitä, että hoitoa antaessa myös itsellä on hyvä olo. Kurssin jälkeen sai alkaa harjoitella käytännössä. Silloin minulla oli tilaisuus tehdä noita hoitoja talomme kerhohuoneessa. Tarjosin hoitoa ystävilleni. Olin hämmästynyt, miten rentouttavaksi kaikki kokivat antamani käsittelyn. Nautin itsekin hoitoja antaessani. Pekalle annoin aika usein Trager-hoidon.

Seuraavaksi kävin viikon pituisen anatomia-kurssin. Siinäkin oli sama periaate, että harjoittelimme käytännöllisesti toisillamme. Kakkoskurssille menin, kun kaikki harjoittelut oli tehty. Kurssi oli kiinnostava kuten aikaisemmatkin, mutta harjoitteleminen ei ollut enää mahdollista. Olin menettänyt mahdollisuuden harjoitella talomme kerhohuoneessa eikä Pekka pitänyt siitä, että olisin antanut hoitoa omassa makuuhuoneessani.

Niihin aikoihin Otto oli talvilomalla viettämässä lomaansa meillä. Ollessamme luistelemassa kaaduin ja tajusin heti, että nyt sattui pahasti. Ranne murtui ja sekin esti tehokkaasti Trager-hoidon harjoittelun moneksi kuukaudeksi. Kävin vielä syksyllä yhden Trager-kurssin lähellä kotiamme Viitapohjassa. Olin apulaisena ykköskurssilla. Nautin suuresti. Sain olla koekaniinina, kun kouluttaja näytti liikkeet. Innostus jatkaa koulutusta lopahti tähän, mutta oli kaiken kaikkiaan tosi kiinnostava kokemus. Oikeastaan vasta nyt tajusin, millainen kosketus tuntuu itsestänikin miellyttävältä ja saatoin opastaa miestäni siinä asiassa.

KNOVNIKURSSIT

Innostuin klovnikurssista välittömästi, kun kuulin asiasta. Sillä kurssilla sai nauraa sydämensä pohjasta. Erikoisen paljon pidin siitä, kun sai liikkua vapaasti musiikin tahdissa. Olin 71-vuotias osallistuessani ensimmäisen kerran klovnikurssille. Parin päivän jälkeen opettaja antoi minulle metkan palautteen. Hän sanoi: "Minä ajattelen, että sinä et ole 71-vuotias, vaan 17 vuotta." Osallistuin eri opettajien pitämille klovnikursseille useita kertoja. Joitakin kertoja olen myös esiintynyt klovnina eri tilaisuuksissa. Minusta on mukavaa tuottaa iloa ihmisille.

ELÄMÄNTAITOVALMENNUS

Menimme yhdessä Pekan kanssa työväen opistoon kurssille, "Uskalla olla oma itsesi." Ihastelin ääneen kouluttajan opetuksia ja yhdessä vaiheessa sanoin: "Tällaista minäkin haluaisin tehdä." Kurssin lopussa kouluttaja sanoi, että haluaa tavata minut myöhemmin. Tapasimme heidän Elämäntaitoyrityksensä tiloissa. Hän sanoi haluavansa minut mukaan yritykseensä. Heillä oli juuri alkamassa uudenlainen lyhyt kurssi elämäntaitovalmennuksesta. Tulin ylipuhuttua osallistumaan tuolle kurssille, vaikka se olikin aika kallis.

Kurssi oli kyllä tavattoman mielenkiintoinen. Siihenkin kuului harjoittelua oikeiden asiakkaiden kanssa. Keskeistä ohjaamisessa oli löytää asia, johon asiakas halusi muutosta. Seuraavaksi piti miettiä tavoite täsmällisesti ja keksiä keinoja tavoitteeseen pääsemiseksi. Myös aikatavoitteet olivat tärkeitä. Kiinnostavaa oli, että useimmat asiakkaat halusivat muutosta asioihin, joista minulla ei ollut alun perin hajuakaan. Toiminta oli hyvin asiakaskeskeistä. Harjoitteluasiakkaita löytyi helposti ja oli tosi kiinnostavaa harjoitella heidän motivoimistaan pääsemään tavoitteisiinsa. Siitä minulla ei ole tietoa, miten he onnistuivat.

Kurssilla laadittiin parityönä suunnitelma ryhmässä tapahtuvasta valmennuksesta. Laadimme parini kanssa suunnitelman kurssista "Keveyttä elämään", jonka tavoitteena oli eroon pääseminen liioista kiloista. Järjestin kurssin seurakunnassani. Siihen ilmoittautui noin kymmenen osanottajaa. Kurssi teetti minulla paljon töitä. Kurssilaiset pitivät kokoontumisista ja olivat sitoutuneesti mukana. Pettymykseni oli kuitenkin suuri, kun vain aniharva todella laihtui. Loppupäätelmäksi itselleni tuli: "Tämä ei ole mun juttu."

LUKU 12. TERVEELLISEMPÄÄN ELÄMÄÄN

RUOKA

Luulen, että olen pienestä saakka syönyt itselleni sopimatonta ruokaa. Lapsena minulla oli vaikeaa taiveihottumaa ja paiseita. Ihan pienenä olin aika pullukka, mutta kouluikäisenä liikuin jo niin paljon, ettei enää ollut ylipainoa.

Olen nyt vasta vanhoilla päivilläni päätellyt, ettei minulle sovi makeat leivonnaiset, vehnäjauhojen, sokerin ja rasvan yhdistelmät.

Kun täytin 35 vuotta, minut kutsuttiin rintasyövän seulontatutkimuksiin. Rinnastani löytyi kyhmy, jota epäiltiin pahalaatuiseksi. Kävimme kylässä ystäviemme luona ja heillä oli pieni vihkonen, jossa tanskalainen naislääkäri kertoi parantaneensa itseltään syövän tuore ruoka paastolla. Sittemmin hän oli perustanut parantolan, jossa muutkin rintasyöpää sairastaneet olivat saaneet avun samalla menetelmällä. Olen erittäin herkkä uskomaan tällaisia tarinoita ja haluan itse kokeilla niitä.

Niinpä aloitin tuoreruokavalion tuon kirjasen niukoilla ohjeilla. Siinä neuvottiin syömään kaksi vihannesateriaa ja yksi hedelmäateria päivässä ja juomaan joka aterialla lasillinen pastöroimatonta maitoa. Siihen aikaan meillä oli omassa maassa kasvaneita porkkanoita ja lanttuja ja vuohen maitoa. Saattoi olla omien puitten omenoitakin. Söin kaiken ruoan palana. Kokemukset hämmästyttivät. Odotin pelkästään kyhmyn katoavan, jos se olisi ollut syöpää. Minulla ei ollut koskaan nälkää, unen tarve väheni, energiaa oli tosi paljon ja paino putosi helposti normaaliksi. Kyhmylle ei tapahtunut mitään. Olin varma, ettei se ollut syöpää. Läheiset olivat minusta huolissaan ja niin annoin leikata sen, eikä se todellakaan ollut kuin rasvapatti.

Uskoon tultuani innostuin paastoamisesta. Paastosin pari kertaa vuodessa viikon tai kaksi. Kerran paastoni kesti 40 vuorokautta. Nämä olivat mehupaastoja ja sujuivat hyvin. Kolmannen päivän jälkeen ei ollut enää nälkää, oli vain kevyt ja energinen olo. Kerran aloitin 40 päivän paaston pelkällä vedellä. Se ei ollut hyvä juttu. Tuntui, että olin vähällä kuolla ja lopetin kolmen viikon jälkeen.

Näin jälkeenpäin ajattelen, että on ollut terveellistä paastota. Siinähän keho puhdistuu tehokkaasti kaikenlaisista elimiin kertyneistä myrkyistä.

Ollessani Kivala-kodissa sain ruokakaverikseni Onerva-tädin ja aloimme yhdessä valmistaa ja syödä elävää ruokaa. Kivala-kodin ruoka oli mielestäni epäterveellistä ja lihottavaa. Onerva-täti halusi laihtua ja minä voida hyvin. Oli tosi mukavaa, kun oli kaveri. Kustansin Overvan elävän ravinnon kursseille Ahvenanmaalle ja niin ruokavaliomme tuli monipuolisemmaksi. Onerva laihtui ja molemmat voimme hyvin. Sitä kesti 1½ vuotta. Olisin voinut jatkaa sillä tavoin, mutta koin sosiaaliset tilanteet liian hankalina. Kun olimme vierailulla, en juurikaan syönyt, mitä minulle tarjottiin. Toki itse voin tehdä vieraille heille sopivaa tarjottavaa. Pekka valitti sitä, että olin niin kummallinen ja erikoinen ja niin lopetin.

Sen jälkeen söin tavallista ruokaa suurin piirtein niin kuin muutkin ihmiset. Painoa kertyi huomaamatta kymmenisen kiloa ja mahavaivat olivat jokapäiväisiä. Oli ilmavaivoja, närästystä ja turvotusta. Inhosin makkaroita vyötärölläni ja yritin laihtua syömällä vähemmän. Kummallista kyllä en laihtunut yhtään.

Tyttäreni Tiina oli laihduttanut 11 kiloa Painonvartijoiden ohjeilla. Hän näytti oikein sirolta ja suloiselta. Sain Tiinalta Painonvartijoiden ohjelman pääpiirteet ja aloin noudattaa niitä. Ohjeet olivat täsmälliset ja yksinkertaiset. Ruokavaliooni tuli sen myötä kaksi selkeää parannusta. Aloin ymmärtää riittävän veden juonnin tärkeyden ja lisäsin kasvisten määrää. Ilahduttavaa oli se, että paino putosi helposti normaaliksi ja mahavaivat hellittivät.

Päättelin, että minulle sopii parhaiten täsmällisesti ohjeistettu ruokavalio. Minun on helppo noudattaa selkeitä ohjeita ja se näyttää tuottavan hyvää tulosta.

Eräs sielunhoitoterapiakurssilla ollut kaverini oli aivan innoissaan Veriryhmään perustuvasta ruokavaliosta. Kyselin häneltä siitä ja torjuin ajatuksen alkaa kokeilla sitä. Ajattelin: "Liian monimutkaista." Kerroin Pekalle tästä ja yllätyin suuresti, kun Pekka toi minulle kirjalahjan, oikein lahjapakettiin kääritty. Sen seurauksena kokeili sitäkin jonkin aikaa. Voin kyllä hyvin, mutta en pitänyt siitä ja sen vuoksi lopetin.

Seuraavaksi innostuin Sana-lehdessä kerrotusta Zone-ruokavaliosta. Sen oli kehittänyt Sears, jonka suvussa miespuoliset sukulaiset olivat kuolleet noin viisikymppisinä sydän tauteihin. Hän oli alkanut kehittää lääkettä, joka lisäisi hänen elämänsä pituutta, mutta huomasikin tutkimuksissaan, että ruoka vaikuttaa lääkkeen tavoin. Lyhyesti sanottuna ruokaa pitäisi syödä kullekin sopiva määrä ja sopivassa suhteessa proteiineja, hiilihydraatteja ja hyviä rasvoja, siis tasapainotetusti. Tämä vaikutti minusta järkeenkäyvältä, eikä hirmu vaikealta ja niin päätin kokeilla Zonea. Ostin Searsin kirjoja, laadin kätevän taulukon, josta näki helposti, minkä verran kutakin ruoka-ainesta oli hyvä syödä. Minulla oli energinen olo, paino pysyi normaalina vaivattomasti, ei ollut nälkää eikä mitään vatsavaivoja. Kuvittelin noudattavani Zonea loppuelämäni. Mutta toisin kävi.

Noin neljä vuotta sitten Otto oli viettämässä meillä talvilomaa ja olimme luistelemassa. Kaaduin ja tajusin hetkessä, että nyt sattui pahasti. Kättä särki hirveästi. Lähdin Akutaan ja selvisi, että ranne oli murtunut. Se oli murtunut niin pahasti, ettei pelkkä kipsi auttanut, vaan ranne piti leikata ja laittaa vieläpä titaania tueksi. Siinä yhteydessä tutkittiin luun lujuus terveestä ranteesta ja paljastui selvä osteoporoosi.

Vähitellen ymmärsin, että Zone-ruokavalioni oli ollut liian hapan. Koko kehoni oli hapan. Veri on aina neutraalia. Elimistö on viisas ja saadakseen veren neutraaliksi se etsii kivennäisiä, mistä löytää, yleensä luista ja lihaksista.

Onneksi siihen löytyi avuksi Dr.Robert O Youngin kirja happo-emäs tasapainosta. Olen siitä saakka pyrkinyt syömään niin paljon emäksistä ruokaa, että kehoni pysyisi neutraalina. Ruokavalioni koostuu enimmäkseen kasviksista ja emäksisestä vedestä ja hyvistä rasvoista. Syön myös vähän munia, maitotuotteita, kalkkunaa, kanaa ja kalaa. Naudan ja sian lihan olen jättänyt kokonaan pois. Olen huomannut, että laktoositon ja gluteeniton ruokavalio sopii minulle parhaiten. Viljoista emäksisiä ovat tattari, kinoa ja speltti, mutta syön myös hirssiä. Hedelmät ovat melkein kaikki happamia, joten syön niitä vain harvoin.

Pari vuotta sitten katsoin ystäväni vinkistä Yliluonnollista ohjelman TV7:stä. Siinä nuori nainen kertoi Jumalan johdattaneen hänet opiskelemaan yliopistoon ravintotiedettä, jotta hän voisi opastaa uskovia syömään terveellisesti ja voimaan hyvin. Kaikkein tärkeimpänä hän piti tuoreista kasviksista, hedelmistä ja marjoista puristettua mehua. Siitä saakka olen joka aamu tehnyt meille tuoremehua, jota juomme aamulla ja lounaalla. Vanhoilla ihmisillä ruoka-aineiden imeytyminen saattaa olla heikentynyt, mutta mehusta ne imeytyvät hyvin. Pidän sitä ravintomme tärkeimpänä asiana. Ihmettelen, että tukkani on tullut vain tummemmaksi, kun odottaisin sen harmaantuvan ikääntyessä.

Pari vuotta sitten hullaannuin myös villiyrtteihin. Keräilen varhain keväästä myöhään syksyyn villiyrttejä luonnosta. Se on minusta hauskaa. On ihana nähdä, miten Taivaan Isän yrttimaat kukoistavat itsestään kenenkään vaivaa näkemättä. Nokkosia myös pakastan ja kuivaan. Yhdessä yrttikirjassa sanottiin: "Jos ihmiset tietäisivät, miten arvokkaita ainesosia nokkosessa on, he eivät viljelisi mitään muuta." Mutta onneksi nokkoset kasvavat viljelemättäkin.

Ravintolisiä syön myös. Tiedän tyypin, joka itse viljelee kasveja luonnonmukaisesti ja syö vain elävää ravintoa, mehuja, salaatteja ja soseita, eikä käytä mitään ravintolisiä ja voi erinomaisesti. En ole vielä uskaltanut kokeilla, riittäisikö minulle pelkät ravinnosta saatavat ravinteet.

Uskon, että ruoka ja liikunta vaikuttavat ihmisen hyvinvointiin ja terveyteen ratkaisevan paljon. Viime aikoina olen alkanut kallistua siihen käsitykseen, että sittenkin ravinto on liikuntaakin tärkeämpi.

LIIKUNNASTA ILOA JA ELÄMÄN VOIMAA

Minulle oli ruuhkavuosina tullut uskomus, etten pysty juoksemaan. Mutta lihasteni voimistuessa ja notkistuessa aloin huomata, että pystynkin juoksemaan ja se tuntui minusta hauskalta. Jos joskus oli vähemmän aikaa liikuntaan, ajattelin, että saan juostessani puoli tuntia saman hyödyn kuin jos kävelisin tunnin. Juoksin toisinaan sen puolisen tuntia.

Aloin kaivata täsmällistä tietoa järkevästä harjoittelusta. Silloin huomasin ilmaislehdessä pienen ilmoituksen juoksukoulusta. Menin sinne innoissani. Alussa oli testi, joka ilmaisi sen hetkisen kunnon täsmällisesti. Mentiin ensimmäinen kilometri kävely-vauhtia ja pikkuhiljaa lisättiin vauhtia, kunnes viimeinen, kuudes kilometri piti mennä täyttä vauhtia. Jokaisen kilometrin jälkeen mitattiin syke ja verestä maitohapot. Näillä tiedoilla jokainen sai yksilölliset harjoitteluohjeet. Minun kuntoni oli huippuluokkaa jo alussa, mutta noudatin tarkasti ohjeita. Kuntoni koheni entisestään. Tuntui upealta, kun en enää juurikaan hengästynyt vasta-mäessä. Oli kolmenlaisia juoksu treenejä: kevyitä, tasavauhtisia, pitkäkestoisia peruskuntoharjoituksia oli eniten, 3 – 5 kertaa viikossa. Keskivauhtisia, vähemmän aikaa kestäviä oli 1 – 2 kertaa viikossa ja noin kerran viikossa treeni niin kovaa kuin pääsi muistaakseni 10 min. Niihin aikoihin juoksin sykemittari ranteessa ja seurasin sykettä juostessani. Juoksukoulu alkoi tammikuussa ja tähtäsi puolimaratonille kesällä. Päätteeksi tehtiin testi vielä uudestaan. Olin aivan innoissani tällaisesta tavoitteellisesta harjoittelusta.

Olin 68-vuotias, kun juoksin ensimäistä kertaa puolimaratonin, 21 km. En ymmärtänyt kivennäisaineiden tarvetta juostessa noin pitkää matkaa ja sen vuoksi jalkani kramppasivat joitakin kilometrejä ennen maalia. Luulin ensin, että matkanteko tyssäsi siihen. Mutta joku kanssakilpailija sanoi, että alat hissukseen kävellä, niin kyllä pääset maaliin. Loppumatka oli tuskainen, mutta selvisin maaliin. Aika oli 2 tuntia 36 minuuttia. Seuraavana vuonna menin SM-kilpailuihin, taas puolimaratonille. Olin yli 65-vuotisten sarjassa ainoa osanottaja. Jaksoin juosta maaliin ja saimme myös viestijoukkueen kasaan, joten sain kaksi kultamitalia niistä kisoista. Löysin uinumassa olleen kilpailuvietin. Kesällä osallistuin SM-viestiin. Minusta oli upeaa nähdä ikäisiäni ja vieläkin vanhempia naisia, jotka olivat hyväkuntoisia. Viestistä tuli hopeamitali. Talvella osallistuin yhtenä päivänä hallikisoihin. Juoksin 200 m, 800 m ja 3000 m. Ihmettelin, kun tulin kolmanneksi 200 m kilpailussa, vaikka siinä oli mukana 8 osanottajaa enkä ollut yhtään harjoitellut nopeutta. Muista juoksuista sain hopeaa. Muistan, että aloin ajatella itseäni veteraaniurheilijana.

Aloitin urheilu-urani kestävyysjuoksusta, mutta aika pian huomasin, että olen ennen kaikkea nopea kintuistani. Hyppääminen oli minusta kaikkein hauskinta. Innostuin kilpaurheilusta toden teolla. Hankin itselleni valmentajan, jonka johdolla aloin harjoitella nopeutta. SM-kisoissa Turussa v. 2007 oli ensimmäiseksi 100 metrin juoksu. Tulin kolmanneksi. Siinä kilpailussa pahin kilpailijani loukkasi jalkansa ja lähti pois koko kisoista. Niinpä voitin loput kilpailuni, pituushypyn, 200 m ja 400 m. Sain myös kisojen suurimman yllättäjän palkinnon Kunto-Pirkoilta. Olin mielissäni.

Seuraavana vuonna halusin osallistua monotteluun. Minusta oli hauskaa opetella uusia lajeja. Opettelin heittämään keihästä, työntämään kuulaa, hyppäämään korkeutta ja hyppimään esteiden yli. Huomasin, että estejuoksu oli minusta ylivoimaisesti hauskinta. Kesäkisoissa Vaasassa harjoittelin kaikkia uusia lajeja ja niinpä osallistuin 8:n lajiin. Eniten tuli kultamitaleita, mutta myös hopeaa ja pronssia.

Menestyin kotimaisissa kilpailuissa kohtalaisen hyvin. Ulkomaille mieleni ei tehnyt lähteä kilpailemaan. Olisin toivonut, että Pekkakin olisi innostunut urheilemisesta – olihan hän nuoruudessaan kilpaillut partiossa menestyksekkäästi. Mutta hän ei innostunut yhtään. Minusta olisi ollut mukava käydä kilpailumatkoilla yhdessä. Olin huomannut, että kilpaileminen motivoi liikkumaan monipuolisemmin.

Muutaman vuoden kuluttua MM-kisat järjestettiin Lahdessa ja sinne päätin osallistua. Halusin menestyä hyvin ja asetin tavoitteeni korkealle. En kuitenkaan osannut kuunnella kehoani ja aloin harjoitella liian paljon. Siitä seurasi loukkaantumisia. Kaaduin estejuoksua harjoitellessani ja kylkiluu murtui.

Talven hallikisoissa halusin kiihkeästi osallistua, vaikka jalkani olikin kipeä. Hyppäsin pituutta, mutta sain vain yhden hyväksytyn hypyn, muut olivat yliastuttuja. Olin ilmoittautunut 60 m:n pikamatkalle, mutta unohdinkin varmentaa osanottoni, enkä saanut osallistua. Harmitti, mutta se oli varmaan parasta, koska jalkani ei ollut kunnossa. Päätin lähteä heti kotiin. Menin hotelliin ja huomasin, että siellä oli juuri saunavuoro. Menin saunaan ja tutustuin siellä japanilaiseen nuoreen naiseen. Juteltiin ja hän kertoi olevansa lähdössä Tampereelle tutustumaan Muumimuseoon. Matkustimme yhdessä. Junassa selvisi, että hän oli kiinnostunut kirkoista. Pyysin häntä tutustumaan omaan hienoon kirkkooni, Aitolahden uuteen kirkkoon. Kotini oli ihan kirkon vieressä ja niinpä pyysin hänet vielä kotiinikin. Tarjosin teetä ja näytin valokuvia. Hän oli innoissaan Israelissa otetuista kuvista. Ajattelin, että oli tärkeämpää ja arvokkaampaa kohdata tämä japanilainen nuori kuin kilpailuissa menestyminen olisi ollut.

Kesällä harjoittelin pituushypyn askelmerkkiä. Muuan Kunto-Pirkkojen veteraaniurheilija oli opastamassa. Hän otti hiekan päällä ollutta suojamuovia pois vain pieneltä matkalta. Ajattelin, etten hyppää täysillä, vaan harjoittelen vain sitä askelmerkkiä. Otin täyden vauhdin ja hyppäsin. Luulen, että jo ilmassa tajusin, että lennän muovin päälle ja aloin jarruttaa. Töksähdin maahan jalka suorana. Tiesin heti, että nyt sattui pahasti.

Polvi ei parantunut kunnolla MM-kisoihin mennessä. Olin ilmoittautunut useihin lajeihin ja valmistautunut olemaan useita päiviä kisoissa. Ensimmäinen kilpailu mihin osallistuin, oli 100 m:n alkuerät. Puolivälissä matkaa jalkani petti ja siihen loppuivat minun kisani. Lähdin kotiin.

Oli lämmin sää ja sain Oton luokseni moneksi päiväksi. Harjoittelimme uintia kolme kertaa päivässä. Otto oli innostunut ja minä sinnikäs ja kekseliäs. Harjoittelu sujui mukavasti. Otto juoksi laituria pitkin ja hyppäsi noin kainaloiden syvyiseen veteen ja harjoitteli siitä rantaan ensin liukumaan ja sitten uimaan. Palkkioiksi kelpasivat tarrakuvat ja leikkirahat. Rahoilla saatoimme treenata myös matematiikkaa. Tässäkin olin sitä mieltä, että tärkeämpää ja mieluisampaa kuin menestyminen kisoissa olisi ollut, oli tilaisuus opettaa Ottoa uimaan.

Kilpailuinnostus hiipui vähitellen, mutta sen sijaan into liikkumiseen pysyi. Ihaninta on ollut yhteisötanssin löytyminen. Silmiini osui kerran pieni ilmoitus Tamperelaisessa Yhteisötanssin alkamisesta yli 60-vuotiaille. Nyt tuntuu hassulta pelkoni siitä, että kelpaankohan minä mukaan. Tiedän, että kaikki, jotka haluavat, otetaan avosylin vastaan. Nautin paljon vapaasta tanssista ja myös esiintymisestä.

Olen eläkkeellä ollessani kokeillut monenlaisia tanssitunteja. Baletista tiesin, ettei se ole minun juttuni. Flamenko, irlantilainen tanssi ja itämainen tanssi ovat kestäneet pari kurssia ja jääneet pois. Gospel lattareissakin kävin jonkin aikaa. Israelilaisesta tanssista pidin paljon ja kävin siinä monta vuotta. Senioritanssi oli ensimmäisiä tanssitunteja, missä kävin heti eläkkeelle jäätyäni. Alussa se oli mukavaa, mutta sitten urheilu syrjäytti sen. Hatanpäälle muutettuamme menin uudelleen senioritanssitunnille, mutta pitkästyin, kun tunnilla oli liian paljon seisomista. Viimeinen löytö on lavis, muunnos vanhoista lavatansseista. Sama musiikki, mutta ei parin odottelua ja yksinkertaiset, mutta tehokkaat koreografiat. Ei ole yhtään seisoskelua. Opettaja sanoo ja näyttää, ja kaikki tekevät heti perässä.

Olen saanut tosi pahan liikuntakärpäsen pureman. Nautin siitä, että kykenen liikkumaan monipuolisesti. Ajoin talviliukkaalla kelillä pyörällä vaarallisen kolarin. Alkuun pystyin kävelemään kahden kepin varassa, sitten yhdellä kepillä. Kaikki liikkuminen teki kipeää. Kesti viisi kuukautta parantua. Useita kertoja aloitin kuntoilun liian aikaisin ja toipumisessa tuli takapakkia. Luulen kuitenkin oppineeni ainakin hiukkasen paremmin kuuntelemaan kehoni viestejä ja nyt olen kiitollinen siitä, että olen toipunut täysin ja pystyn liikkumaan kuten ennen kolaria.

Olen valtavan kiitollinen siitä, että minulla on Vaskikodissa pyörävajassa mahdollisuus pitää vuosien varrella hankkimiani urheiluvälineitä ja käyttää niitä siinä. Pidän siitä, että voin harjoitella fiilispohjalta luovasti ja rennosti. Tavoitteeni on saada kroppa lämpiämään, että uskallan juosta tai pyöräillä Pyhäjärven rantaan pulahtamaan. Käyn uimassa aina kun rannasta löytyy jäästä vapaa alue. Kylmässä vedessä en ui, vaan kastaudun ja lasken 30:n. Hypin trampoliinilla, tärisytän flexibaria, pyörittelen lannevannetta, hakkaan nyrkkeilysäkkiä, harpon ½ metrin esteen yli, hyppään matalan esteen yli pienellä vauhdilla, nostelen 2 kg käsipainoja ja tasapainottelen tasapainolaudoilla. Joskus heiluttelen 6 metrin jumppanauhaa. Viimeksi ostin 6 kg kahvakuulan. Sillä tulee kyllä nopeasti lämmin. Muutkin pääsevät halutessaan nauttimaan monipuolisista liikuntamuodoista, sillä pidämme kesäisin Vaskikodissa pihajumppaa, jonne kannamme noita urheiluvälineitä.

Viime vuoden elokuussa olin mukana NNKY:n vaellusleirillä Lapissa. Hämmästyin, miten hyvin jaksoin kiivetä tuntureille ja kävellä tuntikausia vaihtelevissa maastoissa. Olin kävellyt vain harvoin, enkä kertaakaan tuntia pitempään. Tanssitunnit olivat kesällä tauolla, mutta kävin aika usein tanssahtelemassa Laikunlavan nurmikolla yhteislaulu- ja kuorolaulutilaisuuksissa. Asioilla kävin pyörällä. Ilmeisesti monipuolinen ja hauska joka-aamuinen verryttely ja jokailtainen venyttely pitävät tehokkaasti yllä hyvää kuntoani.

LOPUKSI

Pekan ja minun yhteinen taipaleemme päättyi Pekan kuolemaan 13.3.2016. Hän sairasti viikon verran. Ensin oli sylkirauhasen tulehdus, sitten tuli keuhkokuume ja sairaalareissu. Hän kuoli yllättäen ja äkkiä aortan repeämiseen. Toki hänen kuntonsa oli heikentynyt pikku hiljaa monen vuoden kuluessa.

Olimme muuttaneet toista vuotta aikaisemmin ikäihmisten yhteisöön Vaskikotiin. Tykkäsimme molemmat asumisesta Vaskikodissa. Pekan sosiaalisuus puhkesi kukkaan. Hän osallistui kaikkiin tilaisuuksiin. Vaikka hän ei ollut aikaisemmin pitänyt saunomisesta, hän meni ukkojen kanssa saunaan kaksi kertaa viikossa. Hän kävi myös ravintolassa syömässä. Hän sai sydänystävän entisestä kansanedustajasta Matti Hokkasesta. Vaikka Matti sairasti Parkinsonin tautia, hänen mielensä askarteli lennokkaiden suunnitelmien parissa ja Pekka oli kiinnostunut kuuntelija. Kaverukset juttelivat milloin missäkin yhteisömme tiloista päivittäin.

Hautajaisissa pidin puheen: *"Kun tapasin Pekan, rakastuin häneen sydänjuuria myöten. Häissämme pappi sanoi: "Teidät on jo aikojen alussa tarkoitettu toisillenne." Silloin vain ihmettelin, mutta nyt olen samaa mieltä.*

Olimme yhdessä melkein 53 vuotta. Yhteinen unelmamme saada monta lasta täyttyi ennätysajassa – neljässä vuodessa neljä lasta. Vuosiin mahtuu hankalia, ihania, vaikeita ja upeita jaksoja. Vaikeatkin asiat ovat nyt kiitosaiheita – kestimme ne yhdessä.

Tarvitsin Pekkaa peiliksi. Hän antoi minulle rehellistä palautetta. Se ei todellakaan tuntunut kivalta, mutta yleensä otin sen vastaan, vaikka aluksi saatoin torjuakin.

Iso ilon aihe on ollut avioparityö kaikkineen, ensin itse oppimassa, sitten ryhmänjohtajana ja lopulta opettamassa. Ihmiset muistavat Pekan sanat: "Saan joskus kotona poikittaista mailaa." Hän myös käänsi nimeni englanniksi persoonallisella tavalla "my love".

Toinen iso yhteinen asia oli Raamattukylässä näytteleminen. Olimme molemmat mukana alusta alkaen noin 11 vuotta.

Uskon, että Pekka kuoli Jeesus sydämessään ja sillä perusteella hän on nyt taivaassa. Kova ikävä yllätti minut. Halusin muistuttaa itselleni, millaista taivaassa on ja luin uudelleen kirjan "Taivas on totta." Neljävuotias Colton kävi taivaassa ja kaipaa sinne takaisin. Hän on mielestäni luotettava todistaja ja kertoili pikku hiljaa kokemuksiaan vanhemmilleen.

Seuraavassa tiivistäen lapsen huolettomasti kerrottuja havaintoja taivaasta:

- Colton tapaa ensimmäiseksi Jeesuksen ja istuu hänen sylissään.
- Jeesus on mukava ja hänellä on merkit käsissä ja jaloissa. Hänellä on ruskea tukka ja tukkaa leuassakin ja erityisen kauniit silmät. Hänellä on valkeat vaatteet ja violettia tässä (näyttää) Jeesuksella ei ole siipiä, mutta kaikilla muilla on siivet. Jeesus liikkuu kuin hissi ylös alas. Jeesuksella on hevonen.
- Jeesus antaa hänelle kotitehtäviä ja se on kaikkein kivointa. Jeesus käskee hänen olla kiltti.
- Jeesus lähettää hänet takaisin vastauksena isänsä kiihkeään rukoukseen.
- Coltonin isän vaari, joka on kuollut kauan ennen Coltonin syntymää, tunnistaa hänet ja kertoo elämästään ja Coltonin isän lapsuudesta. Colton tunnistaa vaarin hänen nuoruuden kuvastaan.
- Colton ei tiennyt keskenmenoon menehtyneestä sisarestaan, mutta sisar tunnistaa hänet ja halaa häntä halaamasta päästyäänkin. Jumala oli adoptoinut hänet ja hän oli kasvanut taivaassa. Hänellä on kaikki hyvin, vaikkakin nimi puuttuu, koska vanhemmat eivät olleet antaneet hänellä nimeä.
- Taivaassa on eläimiä ja hyvin kauniita kukkia ja puita ja paljon kauniita värejä. Taivaallinen kaupunki on tehty jostain kiiltävästä, ehkä kullasta tai hopeasta. Siellä ei ole koskaan pimeää. Jeesus ja Jumala valaisevat taivaan.

- Taivaassa on tosi paljon lapsia ja Jeesus rakastaa heitä erittäin paljon. Samoin Jumala rakastaa ihmisiä tosi, tosi paljon.
- Isä yritti opettaa Coltonia varovaisuuteen liikenteessä ja sanoi: "Jos ryntäät tielle, voit kuolla." Siihen Colton: "Sepä hyvä! Sitten pääsen takaisin taivaaseen."
- Colton oli jälkeenpäin isänsä mukana hautajaisissa. Hän kyseli moneen kertaan huolissaan, tunsiko vainaja Jeesuksen, koska muuten ei pääse taivaaseen. Vain ne, jotka pääsevät taivaaseen, saavat uuden ruumiin ja ovat siellä nuoria eikä kenelläkään ole siellä silmälaseja.

Tiedän sydämessäni, että Jumala on meitä rakastava Isä. Hän on aina hyvä ja antaa parasta lapsilleen. Uskon, että tämä oli parasta Pekalle, minulle ja meille.

Toivon, että me kaikki tapaamme Pekan taivaassa. Hän tunnistaa meidät ja ryntää meitä halaamaan.

Ihanassa jälleennäkemisen toivossa Maila.

27.10.2000

Rakkaat kotiryhmämme jäsenet!

Pekka ehdotti tänä aamuna, että jospa kirjoittaisin teille toisen - ja toisenlaisen kirjeen. Mietittyäni asiaa päätin kirjoittaa. Tänä aamuna keskustellessamme mieleeni tuli kysymys. - Missä ovat tämän päivän farisealaiset? Pekka sanoi: - Ne katsovat meitä peilistä. Kysymykseen, mitä minä näen, kun katson peiliin, vastasin:

- Näen ihmisen, joka pitää itseään muita parempana, fiksumpana, kehittyneempänä, paremmin tiedostavana jne., joka asettuu muiden yläpuolelle ja kaunistelee ja puolustelee omia virheitään ja puutteitaan, joka näkee syyn epäonnistumisiinsa läheisissään, joka syyttää ja tuomitsee muita, joka uskoo olevansa aina oikeassa.

On kova pala huomata lankeavansa kerta toisensa jälkeen synteihinsä. Olen kovapäinen oppimaan. En millään tahtoisi suostua siihen totuuteen, että paha riippuu minussa kiinni enkä tule pääsemään siitä tämän elämän aikana. Musertuisin tuon totuuden alle, ellen tietäisi ja uskoisi, ettei tuo ole koko totuus minusta. Minussa on myös Jumalan luoma ainutlaatuinen, semmoisenaan arvokas yksilö. Minusta riippuu, kumpi puoli on niskan päällä eikä kenestäkään toisesta.

Iloitsen teistä jokaisesta ja arvostan rohkeuttanne "antaa minun kuulla kunniani". On totta, mitä sanoitte. Ei ole vain yhtä tapaa kasvaa ja kehittyä. Minä olen ollut sokea ja kuuro teidän tarpeillenne. Jos tuo kirja kiehtookin minua - ei se todellakaan ole tainnut palvella teidän tarpeitanne kovin hyvin. Ryhmässämme olen pitänyt itseäni muita parempana ja ennen kaikkea kuvitellut tiedostavan parem-

min itseäni ja vikojani. Olen siis asettunut muitten yläpuo-
lelle. Te sen sijaan olette ilmiselvästi olleet minua kohtaan
pitkämielisiä ja armahtavaisia.

Yleensä luulen itsestäni liikoja ja lupaan tehdä milloin
mitäkin miettimättä, osaanko vai en. Niinpä eilenkin lupa-
sin miettiä kotitehtäviä seuraavaksi kerraksi. En todella-
kaan tiedä, tuleeko siitä mitään, mutta yritän kuitenkin.
Luotan siihen, että jos tehtävät eivät palvele tarkoitustaan,
niin jätätte ne omaan arvoonsa.

Olen kiitollinen teistä ja kotiryhmästämme.

Rakkaudella Maila

LIITE 2.

Millaisena Vivamon raamattukyläläiset minut tuntevat heinä-
kuussa 2008?

- ✓ Raamattukylän neuvonantaja, tehomummo
- ✓ aito ja pirteä
- ✓ positiivinen ja niin reipas aina
- ✓ mukavan ystävällinen
- ✓ Olet todella kaunis!
- ✓ ihana anoppi
- ✓ pirteä ja iloinen
- ✓ mukava aito emo
- ✓ Kiva!
- ✓ Olet kuin kaivo, josta ammentaa toivoa antavaa esi-
  merkkiä. Kiitos!
- ✓ Ikinuori, syvällinen Maila
- ✓ On mahtavaa tuntea näin eläviä ihmisiä kuin sinä.
  Upea nuorekas nainen. Siunausta
- ✓ Elämän viisastama, energinen
- ✓ niin viehättävä Jumalan nainen
- ✓ Ihana, herkkä, viisas ja käsittämättömän lempeä.
  Sinusta välittyy elämän voimaa ja rauhaa.
- ✓ urhea eläjä
- ✓ vauhtimummo
- ✓ Maila, ihailen energiaasi ja asennettasi. Otan sinusta
  mallia!
- ✓ Ihailtavan upea nainen! Heittäydyt ja keskityt täysillä
  kaikkeen mitä teet.
- ✓ läsnä oleva, rohkaiseva, rohkea